FELLOW
SAMSKIP
Geest
Geest
samskip
Geest
samskip
Geest
Geest
Geest

Fährschiffe auf der Ostsee

GATE 3
STOCKHOLM

Dietrich Hub

Fährschiffe auf der Ostsee

Häfen • Technik • Reisen

SUTTON ZEITREISE

Inhalt

LOTSE

Vorwort

Vom Sinn der Seefahrt

Warum sollte man mit dem Schiff nach Skandinavien oder ins Baltikum fahren, wenn es mit dem Flugzeug schneller geht und die Reise möglicherweise sogar billiger ist? Natürlich gibt es vor allem einen Grund, warum man mit dem Schiff fährt und nicht fliegt: weil man am Urlaubsziel mobil sein und deshalb sein Auto oder Motorrad dabei haben will. Klar, man könnte auch fliegen und am Zielort ein Auto mieten, was in Skandinavien allerdings nicht gerade billig ist. Dagegen spricht jedoch, dass man mit dem eigenen Auto wesentlich mehr Gepäck mitnehmen kann, als wenn man die 22 Kilogramm Fluggepäck einhalten muss. Es gibt aber noch mehr Gründe, die für das Schiff und gegen das Flugzeug sprechen: Schifffahren macht Spaß! Mitzuerleben, wie das Schiff langsam den Hafen verlässt und auf dem Meer Fahrt aufnimmt, ist ein echter Genuss. Dieses Erlebnis ist bei Nacht übrigens mindestens so schön wie am Tag, wenn man die Lichter der Hafenstadt allmählich in der Dunkelheit verschwinden sieht. Auch bei Nacht wird man dann noch auf dem Achterdeck bleiben, vielleicht noch eine Flasche Wein öffnen und die Seeluft genießen. Schöner kann ein Urlaub nicht beginnen.

Noch beeindruckender als die Ausfahrt aus dem Hafen ist – jedenfalls in Helsinki und erst recht in Oslo – die „Zieleinfahrt". Den Oslofjord – eine 100 Kilometer lange Meerenge mit grandioser Landschaft – morgens zu durchfahren, ist allein schon Anlass genug, einmal mit dem Schiff nach Norwegen zu reisen. Sich Helsinki von der Seeseite zu nähern, ist genauso wunderschön.

Das Baltikum kann man auch auf dem Landweg erreichen. Das macht aber keinen Spaß, da viele Straßen in Polen

Achterdeck der URD. Irgendwann versinkt die Sonne hinter dem Horizont. Erfahrene Fährpassagiere haben für diesen Moment eine Weinflasche, Gläser und Knabbereien mit an Bord gebracht.

keineswegs dem entsprechen, was man von deutschen Autobahnen gewohnt ist. Wer nicht durch Polen, sondern über die Ostsee dorthin gelangt, kann die laue Luft auf dem Achterdeck genießen und im Liegestuhl vor sich hin dösen.

Wenn man mit Kindern in den Urlaub fährt, sollte man erst recht das Schiff nehmen. Auf diese Weise sehen, spüren und riechen die Kinder, dass zwischen Deutschland und Skandinavien die Ostsee liegt. Kein Geografieunterricht kann die Erfahrung ersetzen, selbst unterwegs gewesen zu sein. Kinder sollten erleben, dass eine Schifffahrt über Hunderte von Kilometern einige Zeit dauert. Beim Fliegen bekommen Kinder nie das Gespür für Entfernungen. Und warum sollte man über die Brücken von Dänemark nach Schweden fahren? Erstens ist das nicht günstiger als eine Fährüberfahrt und zweitens sitzt man auf Urlaubsreisen lange genug im Auto. Die Zeit auf See kann man entspannt genießen, die Autofahrt über Brücken sicher nicht. Wie viel Zeit bleibt da auf der Strecke, wenn man nicht fliegt, sondern mit dem Schiff fährt? Gar keine, denn die Zeit auf See ist wahrlich keine verlorene Zeit!

Die kürzeste Fährpassage auf der Ostsee ist derzeit die Vogelfluglinie von Puttgarden nach Rödby. 45 Minuten dauert die Überfahrt. Immerhin reicht die Zeit für ein Mittagessen samt anschließendem Besuch auf dem Sonnendeck. Die meisten Passagiere genießen einfach die Seeluft – wobei man Sonne und Fahrtwind auf den Doppelendfähren nicht auf dem Achterdeck, sondern stattdessen auf den Freiflächen mittschiffs findet. „Heimisch" wird man auf dem Schiff in den 45 Minuten logischerweise nicht.

Von Rostock nach Trelleborg ist man sechs Stunden auf See. Da sieht es schon anders aus, und auch für sechs Stunden ist eine Tageskabine ganz nett, um sich mal kurz hinlegen und auch frischmachen zu können. Viele Autofahrer wählen bewusst Überfahrten bei Nacht aus, um sich auf dem Weg nach Skandinavien eine Hotelübernachtung zu sparen.

Eine andere Sache ist es, wenn man auf einer der beiden langen Fährüberfahrten über die Ostsee unterwegs ist. 20 Stunden dauert die Passage von Kiel nach Oslo. Die beiden Fähren der Color Line pendeln zwischen Norwegen und Deutschland. Abfahrt ist um 14 Uhr in Kiel, eine Nacht verbringt man auf See und kommt am nächsten Vormittag um 10 Uhr in Oslo an. Die Uhrzeiten sind optimal, denn auf diese Weise kann man nach dem Frühstück die Durchfahrt durch den grandiosen Oslofjord auf dem Achterdeck miterleben. Man kann die Strecke auch hin- und zurück als Minikreuzfahrt genießen. COLOR MAGIC und COLOR FANTASY heißen die beiden Fähren, die auf dieser Strecke eingesetzt werden. Mit Badelandschaft, Shoppingmeile über drei Stockwerke, acht Restaurants, Bars mit Live-Musik und einem Casino wird den bis zu 2.750 Passagieren an Bord mehr als genug Unterhaltung geboten. Allerdings wirkt sich der Luxus dieser Fähren auch auf den Preis für die Überfahrt aus – und die Color Line ist die einzige Fährgesellschaft, mit der man von Deutschland aus Norwegen direkt erreichen kann.

In Travemünde beginnt die derzeit längste Fährüberfahrt über die Ostsee, nämlich nach Helsinki. 29 Stunden sind die Schiffe der Reederei Finnlines unterwegs. 611 Seemeilen bzw. 1.132 Kilometer misst die Strecke nach Helsinki. Auf der Ostsee ginge es natürlich noch weiter nach Osten, aber derzeit fährt keine Fähre von Deutschland aus bis nach St. Petersburg.

Um drei Uhr nachts legen die Finnlines-Fähren in Travemünde ab. Passagiere, die zu Fuß unterwegs sind, werden schon etwa um 22.30 Uhr mit Kleinbussen an Bord gebracht. Gleiches gilt für Mitfahrer im Auto. Auf Wunsch werden auch sie schon an den Fahrspuren abgeholt, solange die Autos samt ihren Fahrern noch in den Fahrspuren im Hafen stehen. Etwa um 23 Uhr setzen sich die Fahrzeugkolonnen in Bewegung und verschwinden nach und nach im Autodeck der Fähre. Bis das Schiff um 3 Uhr ablegt, hat man schon die Kabine bezogen und kann noch auf das Achterdeck gehen, um die Lichter von Travemünde an sich vorbeiziehen zu sehen.

Am nächsten Morgen erwartet die Passagiere ein ganzer Tag auf See. Die Schiffe von Finnlines sind sehr komfortabel ausgestattet und haben unter anderem einen Wellnessbereich an Bord. Sehr nobel ist auch das Essen: Frühstück und Abendessen werden im Restaurant „Mare Balticum" angeboten, wobei die Auswahl der Speisen nichts zu wünschen übrig lässt. 136 Euro pro Person kostet das „Essenspaket" mit Frühstücksbüfett, zweimal Brunch und einmal Abendbüfett (Hinfahrt) und zweimal Abendessen- und einmal Frühstücksbüfett (Rückfahrt). Nach der zweiten Nacht an Bord legen die Finnlines-Schiffe FINNLADY, FINNMAID oder FINNSTAR um 9 Uhr in Helsinki an.

Als Fähre bezeichnet man Schiffe, die im Pendelverkehr stets dieselben Ziele ansteuern und Fahrzeuge und Personen gleichermaßen befördern. Alle Fähren sind RoRo-Schiffe. „RoRo" steht für roll on/roll off, d.h., die Fracht wie Autos oder Lkw fährt selbst an und von Bord. Unbegleitete Trailer werden von „Tugs", kleinen Schleppern, ins Schiff gezogen und auch selbstfahrende Arbeitsgeräte wie Baumaschinen oder Mähdrescher werden so verschifft. Ebenso wird alle Fracht verladen, die auf Anhängern transportiert werden kann, wie z.B. kleinere Jachten. „RoRo" bedeutet nicht unbedingt, dass die Fähre sowohl über eine Heck- als auch eine Bugklappe verfügt, sodass die Autos in dieselbe Richtung ein- und ausfahren. Von der RoRo-Methode zu unterscheiden sind alle Beladungsarten, bei denen die Güter mit Hilfsmitteln wie Kränen an Bord gebracht werden. Dies trifft z.B. auf Containerschiffe zu. RoRo-Schiffe sind nur einsetzbar, wenn die passenden Anlegestellen im Hafen vorhanden sind. Viele Fähren sind so konzipiert, dass die Autos auf zwei Ebenen gleichzeitig an und von Bord rollen können. Dies setzt natürlich voraus, dass in den Häfen die entsprechenden Anleger vorhanden sind. Genauer gesagt sind Fähren Ro-Pax-Schiffe, also Schiffe, die in der RoRo-Methode beladen werden und zudem über Kabinen und Aufenthaltsräume für Passagiere (Pax) verfügen. Je nach Konzept der Fähre bzw. der Linie ist das Verhältnis von Spurmetern in den Ladedecks und der Zahl der Passagierkabinen gewählt. Fähren, die vor allem auf Lastwagen ausgerichtet sind, müssen viele Spurmeter, aber weniger Kabinen haben.

Fähren sind Transportmittel, die viele Länder miteinander verbinden, sie sind eine einzigartige Möglichkeit, das Meer und Hafenstädte bewusst zu erleben. Wer auf Fähren unterwegs ist, erkennt auch, wie der Güterverkehr zwischen Skandinavien, dem Baltikum und Deutschland funktioniert. Erholsame Urlaube und einen wachen Blick für das, was man bereits auf der Anreise wahrnehmen kann, wünscht

Dr. Dietrich Hub

1 Der nördlichste Fährhafen Deutschlands

Der Kieler Hafen

Die Hafenstadt Kiel liegt von der Ostsee aus betrachtet etwa 15 Kilometer landeinwärts am Ende der Kieler Förde. Diese geschützte Lage mit direkter Öffnung zur Ostsee prädestiniert die Stadt als Tor zur Ostsee.

Kiel ist der nördlichste deutsche Fährhafen an der Ostsee. In Flensburg legen nur kleinere Fährschiffe an.

Über den Nord-Ostsee-Kanal besteht von Kiel aus auch eine Verbindung zur Nordsee, ohne dass die Schiffe den Seeweg nach Norden um Dänemark herum nehmen müssen. Für die Fährschifffahrt aber spielt der Nord-Ostsee-Kanal keine Rolle. Die Fährlinien verbinden die Hafenstädte der Ostsee oder die der Nordsee. Im Normalbetrieb wechseln Fähren jedoch nicht zwischen beiden Meeren. Die wichtigste Verbindung ausgehend vom Kieler Hafen ist die Strecke Kiel–Oslo, die von der Color Line bedient wird. Dies ist die einzige Direktverbindung auf dem Seeweg zwischen Deutschland und Norwegen. Ebenso legen diverse Fähren mit Ziel Klaipeda in Litauen in Kiel ab.

Der Kieler Hafen liegt inmitten der Stadt. Über die Fußgängerbrücke Hörnbrücke erreicht man vom Norwegen- oder vom Schwedenkai aus in wenigen Minuten den Kieler Bahnhof, die Vorstadt oder die Altstadt (www.portofkiel.com).

2 Startpunkt der Vogelfluglinie
Puttgarden

Puttgarden ist ein kleiner Ort, der zu Fehmarn gehört. Bekannt ist Puttgarden für seinen Hafen. Der ist nämlich der Startpunkt der Vogelfluglinie, seit den 1960er-Jahren die „Rennstrecke" zwischen Hamburg und Kopenhagen. Die Fähren von Puttgarden bedienen nur eine einzige Strecke, sie fahren über den Fehmarnsund zum gegenüberliegenden Rödbyhavn. Die Überfahrt dauert 45 Minuten.

Wenn der Tunnel unter dem Fehmarnsund einmal fertiggestellt sein wird, wird der Umsatz im Hafen Puttgarden zurückgehen. Gleichzeitig aber wird der Autoverkehr über die Insel Fehmarn zunehmen. Möglicherweise werden dann von Puttgarden Schiffe mit anderem Ziel als bisher Rödbyhavn in See stechen.

Puttgarden ist wohl der einzige Seehafen, in dem Fähren im 30-Minuten-Takt abfahren, und zwar 24 Stunden am Tag in diesem Rhythmus. 2019 waren die Scandlines-Fähren SCHLESWIG-HOLSTEIN, DEUTSCHLAND, PRINSESSE BENEDIKTE und PRINS RICHARD im Einsatz. Alle diese Schiffe sind Doppelendfähren, d.h., sie haben kein festgelegtes Bug und Heck, sondern können in beide Richtungen gleichermaßen fahren. Dementsprechend gibt es zwei Brücken. Im Hafen angekommen, wechseln Kapitän und Steuermann zum anderen Ende des Schiffes und lenken das Schiff von diesem Steuerstand aus wieder zurück. Doppelendfähren kommen dann zum Einsatz, wenn das Wendemanöver bei der Ein- oder Ausfahrt in den Hafen in Relation zur zurückgelegten Strecke ein zu großer Aufwand wäre. Der Nachteil der Doppelendfähren ist ihr höherer Treibstoffverbrauch im Vergleich zu konventionellen Schiffen. Anders als diese haben Doppelendfähren keine Schiffsschrauben am Heck, sondern vier an drehbaren Gondeln angebrachte Propeller, die wie unten am Schiffsrumpf angebrachte Außenbordmotoren aussehen.

Die Fährüberfahrt vorher zu buchen, ist nicht nötig: Wer als Autofahrer nichts vorbereiten will, fährt in den Hafen, kauft im Fährbüro ein Ticket und stellt sich in die Warteschlange. Man kann sein Ticket auch online erwerben und das ist von Scandlines offensichtlich erwünscht: Bei telefonischer Buchung oder beim Kauf am Schalter wird nämlich ein Zuschlag von 9 Euro erhoben. Es gibt diverse Kombitickets. Das wohl am häufigsten verkaufte Ticket ist das für die beiden Fähren der Vogelfluglinie, d.h. von Puttgarden nach Rödbyhavn und von Helsingör (Dänemark) nach Helsingborg (Schweden). Ebenso sind aber auch Kombikarten für Schiff und Öresundbrücke möglich oder auch Tageskarten für Hin- und Rückfahrt über den Fehmarnbelt an einem Tag.

Nach wie vor werden auch Eisenbahnzüge über den Fehmarnsund verschifft. Mit den beiden Brücken könnte man den Seeweg zwar umgehen, da die Große-Belt-Brücke und die Öresundbrücke aber wesentlich weiter nördlich liegen, wäre dieser Umweg der größere Aufwand als die Verladung in die Fähre. Der Güterverkehr mittels Trajektverkehr über den Fehmarnsund wurde eingestellt.

Einige Fähren – hier die PRINS RICHARD – sind so angelegt, dass die Autos auf zwei Ebenen gleichzeitig ein- und ausfahren können. Dafür müssen in den jeweiligen Häfen die passenden Anlagen vorhanden sein.

Prins Richard
Rødbyhavn

3 Das Ende der Vogelfluglinie
Der geplante Fehmarnbelttunnel

Die Vogelfluglinie verbindet die Großräume Hamburg und Kopenhagen über die Inseln Fehmarn, Lolland, Falster und Seeland. Vollendet wurde die Vogelfluglinie 1963 mit der Fertigstellung der Fehmarnsundbrücke. Nur zwischen Fehmarn und Lolland, d.h. zwischen Puttgarden und Rödbyhavn, muss man heute noch auf das Schiff umsteigen – aber auch das soll sich ändern.

Die Bogenbrücke, welche die Insel Fehmarn mit dem deutschen Festland verbindet, ist 963 Meter lang. Auf der östlichen Seite der Halbinsel in Puttgarden geht es dann per Schiff weiter: Nach 18 Kilometern und 45 Minuten über den Fehmarnbelt erreicht man Rödbyhavn auf der dänischen Insel Lolland. Schon lange gibt es Pläne, dass stattdessen eine „feste Fehmarnsundquerung" entstehen soll. Ursprünglich war eine Brücke geplant, 2019 wurde jedoch endgültig der Bau eines kombinierten Straßen- und Eisenbahntunnels beschlossen. In den Tunnelröhren werden vier Fahrbahnen und zwei Eisenbahngleise verlaufen. Auch für Zugreisende soll der Tunnel sehr attraktiv werden: Auf der Eisenbahnfahrt von Hamburg nach Kopenhagen – auch die verläuft bis jetzt mittels

Die 1963 fertiggestellte Fehmarnsundbrücke verbindet die Insel Fehmarn mit dem Festland. Wenn der Fehmarnbelttunnel (der geplante Landweg zwischen Deutschland und Dänemark ab Puttgarden auf Fehmarn) realisiert wird, müsste die Fehmarnsundbrücke durch eine neue Straßenverbindung ersetzt werden, die größere Verkehrsströme aufnehmen kann.

Trajektverkehr zwischen Puttgarden und Rödbyhavn – sollen so zwei Stunden Zeit eingespart werden.

Im Jahr 2019 wurden 7,1 Milliarden Euro als Bausumme genannt. Sowohl das Bundesland Schleswig-Holstein als auch das Königreich Dänemark erhoffen sich durch den Tunnel ein stärkeres Zusammenwachsen der Regionen. So werde es mit dem Tunnel leichter, dass Menschen aus Schleswig-Holstein nach Dänemark zum Arbeiten fahren und umgekehrt.

Es gibt aber auch Kritiker. Vielleicht freuen sich die Speditionen über das kommende Ende der Fährüberfahrten über den Fehmarnbelt, aber nicht die Lastwagenfahrer. Für die Fahrer sind die 45 Minuten auf der Fähre nicht nur eine vorgeschriebene, sondern auch eine willkommene Pause, die sie jeweils nach 4,5 Stunden Lenkzeit einhalten müssen. Autobahnraststätten als Pausenplätze müssen Fernfahrer häufig genug ansteuern. Für sie ist eine Pause mit Seeluft eindeutig die schönere Variante, die nach der Fertigstellung des Tunnels wegfallen wird. Kritik am geplanten Tunnel äußern auch die Einwohnern der Insel Fehmarn. So befürchten manche, dass der Tourismusstandort Fehmarn darunter leiden werde, wenn der Auto- und Eisenbahnverkehr über die Insel noch zunimmt. Gegen den Tunnel geklagt hatte unter anderem die Fährgesellschaft Scandlines. Die vier Doppelendfähren, die auf der Vogelfluglinie unterwegs sind, lassen sich nicht so einfach auf anderen Routen einsetzen, denn dieser Schiffstyp ist speziell für sehr kurze Fährüberfahrten konzipiert.

Weil durch den Tunnel der Auto- und Eisenbahnverkehr nach Fehmarn wohl insgesamt zunehmen wird, soll auch die denkmalgeschützte Bogenbrücke vom deutschen Festland nach Fehmarn durch eine neue Brücke ersetzt werden, die stärkere Verkehrsströme aufnehmen kann.

4 Nach Finnland und ins Baltikum

Der Hafen Travemünde

Der Hafen Travemünde ist der meistfrequentierte deutsche Ostseehafen, was sich aus der Vergangenheit heraus erklären lässt: Zu DDR-Zeiten war Travemünde der östlichste Hafen der Bundesrepublik, dementsprechend wichtig war er für den gesamten Schiffsverkehr auf der Ostsee.

Schön, aber auch eng, wenn mehrere Großschiffe unterwegs sind. Am 3. Mai 2012 kam es hier im Hafen Travemünde zu einem Unfall: Die NILS HOLGERSON (hinten) rammte die Fähre URD.

Abgesehen von der guten Ausstattung des Hafens ist ein Ablegen oder Ankommen in Travemünde schlichtweg sehenswert: Man fährt auf der Travemündung langsam vorbei an der PASSAT, die als Museumsschiff hier dauerhaft festgemacht ist. Anschließend passiert man die Stadt Travemünde mit ihrem markanten Hochhaus, bevor das Schiff durch die Mole hindurch hinaus auf die Ostsee fährt. Über den Hafen und was dort aktuell geschieht, kann man sich auf folgender Internetseite informieren: www.leuchtturm-travemuende.de/ShipInfo. Auf dieser Seite findet man den Fahrplan, welche Schiffe derzeit im Hafen liegen, wann sie abfahren und wann welche Schiffe ankommen. Ebenso werden die Schiffe anhand ihrer AIS-Daten (siehe Kapitel 27) auf einer Landkarte angezeigt.

Jeden Tag kommen Finnlines-Fähren in Travemünde an und legen wieder ab, und zwar nachts um drei. Die Abfahrtzeit bei Nacht hat auch Vorteile: Weil die Fähren so spät ablegen, kann man aus Süddeutschland in nur einem Tag mit dem Auto bis Travemünde fahren, ohne Angst haben zu müssen, die Fähre zu verpassen. Spätabends im Hafen angelangt und ins Schiff eingefahren, ist es ein Erlebnis, nach dem Ablegen das dunkle, aber erleuchtete Travemünde an sich vorbeiziehen zu sehen, bis zuletzt die Lichter des Hafenhochhauses in der Nacht verschwinden.

Von Travemünde fahren Fähren nach Schweden, nach Finnland und ins Baltikum. Der Hafen ist spezialisiert auf RoRo-Verkehr. Deshalb gibt es mehrere Doppelstockanleger, auf denen Autos und Lastwagen auf zwei Ebenen übereinander gleichzeitig in eine Fähre rollen können. Das spart erheblich Zeit gegenüber der sonstigen Vorgehensweise, wenn alle Fahrzeuge durch nur ein Tor im Schiff in die Autodecks rollen und erst im Inneren des Schiffes über eine bewegliche Rampe auf ein höher gelegenes Autodeck fahren.

Als das markante Hochhaus in Travemünde gebaut wurde, musste der alte Leuchtturm – übrigens der älteste

Die PASSAT liegt als Museumsschiff im Hafen Travemünde. In den Kabinen der Viermastbark kann man übernachten.

Leuchtturm Deutschlands – daneben abgeschaltet werden, da das Hochhaus dessen Leuchtfeuer verdeckte. Heute ist im alten Leuchtturm ein maritimes Museum untergebracht, in dem die Geschichte der Leuchttürme und ihrer Technik dargestellt wird. Als neuer Leuchtturm dient das 119 Meter hohe Hochhaus. Dessen Leuchtfeuer ist das höchste in ganz Europa. Die unteren Etagen des Hochhauses werden vom „Maritim Hotel“ genutzt, darüber liegen Appartements. In der 35. Etage befindet sich ein Restaurant, von dem man einen grandiosen Ausblick über den Hafen und die Ostsee hat.

5

Gebaut in den Anfangszeiten der DDR

Der Hafen Rostock

Der Überseehafen liegt 13 Kilometer nördlich der Rostocker Innenstadt. Der Rostocker „Stadthafen“ wiederum liegt direkt an der Innenstadt. Hier legen aber keine Fähren an, sondern nur Ausflugsschiffe und Privatjachten. Durch den Seekanal, die Durchfahrt zwischen Warnemünde und der Hohen Düne, hat der Überseehafen einen natürlichen Schutz vor der Ostsee. Auf der Seite www.rostock-port.de sieht man unter anderem, welche Schiffe derzeit im Hafen liegen.

Der Überseehafen Rostock war der erste große Seehafen, den die DDR baute. 1960 ging er in Betrieb. Bis dahin gab es in Rostock nur den Stadthafen. Bis in den 1980er-Jahren der Hafen Mukran auf der Halbinsel Rügen fertiggestellt wurde, war der Überseehafen Rostock der größte Hafen der DDR. Fähren waren zu DDR-Zeiten eher selten und ins „nicht-sozialistische Ausland" fuhren sie schon gar nicht. Der Rostocker Hafen war aber wichtig für die Handelsflotte der DDR. Verschifft wurden von hier vor allem Massenschüttgüter.

Heute verfügt der Hafen über vier Piers für Passagierschiffe, einen Ölhafen und einen Chemiehafen. Das Fährterminal „Pier 1" hat fünf Liegeplätze für große Fähren. Auch Züge können hier auf Fähren verladen werden. Die Verschiffung von Eisenbahnwagen ist aber deutlich zurückgegangen.

Der Hafen Rostock wird immer häufiger von Kreuzfahrtschiffen angelaufen, was nicht nur daran liegt, dass das größte deutsche Kreuzfahrtunternehmen, AIDA Cruises, seinen Sitz in Rostock hat. Der Hafen ist für Kreuzfahrtschiffe vor allem auch deshalb interessant, weil die Stadt für Ausflüge attraktiv ist. Die Hafenanlagen werden weiter ausgebaut. Für 2020 ist der Bau eines neuen Hafengebäudes mit 186 Metern Länge geplant. Eigentümer des Hafens sind das Land Mecklenburg-Vorpommern und die Stadt Rostock.

Auch Kreuzfahrtschiffe legen im Überseehafen Rostock an.

6 Für Kriegsmaterial aus der Sowjetunion
Der Hafen Mukran auf Rügen

Der Fährhafen Mukran bei Sassnitz auf Rügen, auch „Honeckers Superhafen" genannt, wurde ab 1982 als gemeinsames Projekt zwischen DDR und Sowjetunion gebaut. Bevor die Bagger anrollten, befand sich hier nur ein kleines Fischerdörfchen. Nordwestlich des Hafens entstanden zwei Flugabwehrstellungen.

Der Grund für dieses Großprojekt war, dass man Polen als „unsicheres Land" betrachtete. Die Regierungen von DDR und Sowjetunion befürchteten, dass Polen den Transport von Truppen und Militärmaterial auf dem Straßen- und Schienenweg blockieren könnte. In den 1980er-Jahren waren in der DDR etwa 400.000 sowjetische Soldaten stationiert, samt Fahrzeugen aller Art und sonstigem Kriegsgerät. Dementsprechend viele Transporte fielen an. Über den Hafen Mukran konnten ganze Eisenbahnzüge aus der Sowjetunion die DDR erreichen.

Die wichtigste Line von Mukran aus führte nach Klaipeda in Litauen, 273 Seemeilen bzw. 506 Kilometer entfernt. Eigens für die Fährverbindung nach Mukran wurden in der Mathias-Thesen-Werft in Wismar fünf besondere Fähren gebaut. Diese 190 Meter langen Schiffe waren die größten, die jemals in der DDR gebaut wurden. Eines davon ist noch heute als VILNIUS SEAWAYS für die Reederei DFDS Seaways unterwegs, wurde aber seitdem mehrmals modernisiert. Die fünf Schiffe hatten – gänzlich unüblich – zwei Ladedecks mit Schienen und konnten so jeweils 103 Eisenbahnwaggons transportieren. Wenn heute Eisenbahnzüge auf Fähren transportiert werden, so stehen diese immer im „ebenerdigen" Autodeck. Die Schienenstrecken im Hafen Mukran wurden sowohl für die „Normalspur" der DDR als auch für die sowjeti-

sche Breitspur gebaut, denn in Mukran mussten die Güter auf Waggons des DDR-Schienennetzes umgeladen werden.

Mit der Wende 1989 ging die militärische Bedeutung des Hafens Mukran verloren und damit die Bedeutung des Hafen insgesamt. Während hier im Jahr 1989 noch drei Millionen Tonnen Güter umgeschlagen wurden, waren es 1991 gerade einmal 1,35 Millionen. Wichtig wurde der Hafen erst wieder in den Jahren 1992 und 1993 für den Rücktransport der sowjetischen Truppen aus der ehemaligen DDR.

Heute ist Mukran Ausgangspunkt für diverse Fährlinien ins Baltikum und nach Skandinavien. Im Vergleich zu Travemünde und Rostock ist der einstige „Superhafen“ aber deutlich unbedeutender für die Ostsee-Fährschifffahrt. Warum in Rostock und Travemünde mehr Güter verschifft und mehr Autos in die Autodecks einfahren, ist einfach zu erklären: Der Hafen Mukran ist zwar sehr gut ausgebaut, der Verkehrsverlauf im Hinterland aber nicht. Für die 50 Kilometer von Stralsund über den Rügendamm und auf Landstraßen über die Insel braucht ein Lkw mehr als eine Stunde und von der Autobahn A 20 bis zum Fährhafen sind es sogar 75 Kilometer.

Der Hafen Mukran auf Rügen wurde einst gebaut, um das damals im Ostblock als unsicheres Land geltende Polen zu umgehen. Nach dem Ende der DDR und dem Zerfall der Sowjetunion änderte sich die Funktion dieses Hafens erheblich.

7 Nato-Panzer im Baltikum
Die Nato-Ostflanke

Der Hafen Mukran auf Rügen wurde gebaut, um Kriegsgerät zwischen der Sowjetunion und der DDR hin- und herzutransportieren. Zu den aktuellen strategischen Planungen gehört die Vorbereitung, möglicherweise wieder große Mengen an Kriegsgerät ins Baltikum schaffen zu können – freilich nicht auf Wunsch Moskaus, sondern im Falle eines russischen Angriffes.

Auf dem NATO-Gipfel in Warschau im Jahr 2016 wurde das Programm Enhanced Forward Presence (verstärkte Vornepräsenz) beschlossen. In Litauen sind seitdem etwa 1.000 Soldaten der NATO stationiert, wobei die Bundeswehr mit etwa 700 Mann das stärkste Kontingent stellt. Auch die Luftüberwachung der drei baltischen Länder geschieht durch NATO-Gerät. Diese Präsenz im „Frontstaat" war die Reaktion der NATO auf die Annektierung der Krim durch Russland sowie auf den Einmarsch der Russen in der Ostukraine. Die Soldaten werden per Flugzeug von der Bundesrepublik oder anderen NATO-Ländern nach Litauen geflogen. Panzer und anderes schweres Kriegsgerät werden per Schiff ins Baltikum transportiert.

Die in Litauen eingesetzten Einheiten führten bereits Manöver für ein „Verzögerungsgefecht" durch. Bei dieser Taktik werden Angriffs- und Verteidigungsszenarien miteinander kombiniert. Ziel ist es, einen zahlenmäßig überlegenen Feind zu schwächen, seinen Vormarsch zu verlangsamen, dann aber auch Gelände aufzugeben und sich in sichere Positionen zurückzuziehen. Das Szenario geht also tatsächlich von dem Fall aus, dass Russland die baltischen Länder angreift. Der Vormarsch der Russen soll dann von den in Litauen stationierten Kräften verlangsamt werden, um Zeit zu gewinnen, bis stärkere NATO-Truppen ins Baltikum verlegt werden können.

Falls dieser hoffentlich nur hypothetische Fall eines russischen Angrif-

fes auf das Baltikum eintreten würde, müssten in kürzester Zeit große Mengen an schwerem Kriegsgerät ins Baltikum transportiert werden. Über eigene RoRo-Schiffe verfügt die Bundeswehr nicht. Bereits für den Einsatz in Afghanistan arbeitete die Bundeswehr daher mit zivilen Reedereien zusammen und charterte deren Fähren, um Fahrzeuge, darunter auch Panzer, über den Indischen Ozean in Richtung Afghanistan zu verschiffen. Kapazitäten in Fähren in Richtung Baltikum gäbe es im Verteidigungsfall mehr als genügend, denn in einem solchen Szenario würde kein Urlauber mehr dort hinfahren. In Gewicht und Größe unterscheidet sich ein Panzer nicht wesentlich von einem voll beladenen Lastzug mit Anhänger. Die Panzer würden dann freilich nicht auf ihren Ketten in die Autodecks rollen, sondern würden aufgeladen auf Sattelaufliegern transportiert werden. Die Autodecks der Fährschiffe könnten also auch für diesen Zweck genutzt werden, der hoffentlich niemals nötig sein wird.

Die einzige Landverbindung zur Nato-Ostflanke, der Grenze zwischen Polen und Litauen, ist gerade einmal 100 Kilometer breit und könnte von den Russen gesperrt werden. In einem solchen Szenario wäre der Seeweg zwischen Deutschland und dem Baltikum sehr wichtig, um Kriegsgerät dorthin zu transportieren.

8 Auf Schienen über die Ostsee
Der Eisenbahnverkehr

Nach wie vor werden Eisenbahnwagen auf Fähren verladen. Die bekannteste Strecke für Trajektverkehr ist der Abschnitt Puttgarden–Rödby der Vogelfluglinie von Hamburg nach Kopenhagen. Zudem gibt es einen Nachtzug, der abends in Berlin startet und am nächsten Tag in Malmö oder, mit Umsteigen, in Stockholm ankommt. Diese Nachtzüge fahren in Sassnitz-Mukran auf die Fähre und in Trelleborg zurück auf die Schienen.

Die schwedische Eisenbahngesellschaft Snälltaget bietet im Sommer dreimal pro Woche Nachtzüge mit Fährüberfahrt an. Die Passagiere können ihr Liegewagenabteil auch während der Fährüberfahrt nutzen oder auch aussteigen und z.B. nachts noch etwas auf der Fähre essen. Einen Speisewagen im Zug gibt es nämlich nicht. Die Abfahrt in Berlin ist um 19 Uhr. Etwa um 23 Uhr fährt der Zug in Sassnitz-Mukran in die Fähre hinein, nachts um 3 Uhr erreicht man Trelleborg, doch der Zug verbleibt noch ein paar Stunden im Bauch des Schiffes, bevor er das Schiff wieder verlässt. Ankunft in Malmö ist um 7 Uhr, in Stockholm mit Umsteigen um 14.55 Uhr. Die einfache Strecke Berlin–Stockholm im Liegewagen kostet ab 49,00 Euro. Solche Fahrten im Liegewagenabteil sind freilich keineswegs mit luxuriösen Zügen wie dem Orient-express zu vergleichen. Die meisten Liegewagen sind schon viele Jahrzehnte alt. Die Abteile haben sechs Liegen, sodass es bei voller Belegung recht eng wird. Als Abenteuer ist eine solche Zug- und Schiffsreise aber jedem Flieger vorzuziehen.

Die Verladung von Zügen ist insgesamt stark rückläufig. Ausschlaggebend dafür ist unter anderem der Bau der Brücken zwischen Dänemark und Schweden. Trajektverkehr gibt es noch auf der Vogelfluglinie Puttgarden–Rödby

(nur Passagiere), Rostock–Trelleborg (nur Güterverkehr), Sassnitz–Trelleborg (nur Personenverkehr), Swinemünde–Ystad (nur Güterverkehr) und Travemünde–Helsinki (nur Güterverkehr). Beim Personenverkehr kommt hinzu, dass die Eisenbahn als Verkehrsmittel für Fernreisen vor allem aufgrund sinkender Flugpreise weit weniger genutzt wird als früher. Die Deutsche Bahn betreibt keine Schlaf- oder Liegewagenstrecken mehr und hat folglich auch keine Nachtzüge mit Fährüberfahrten.

In den Ländern der ehemaligen Sowjetunion und in Finnland sind fast alle Eisenbahnstrecken in Breitspur gebaut, weshalb es nur wenig Gütertransport auf den Schienen zwischen West- und Osteuropa gibt. Fast der gesamte Güterverkehr wird daher mit Lastwagen abgewickelt. Dementsprechend viele Lastwagen und vor allem unbegleitete Trailer werden auf Schiffen transportiert.

Die Verladung von Eisenbahnwagen in Fähren ging in den letzten Jahrzehnten kontinuierlich zurück, was auch durch den Aufstieg der Billigflieger begründet ist.

9 Ohne Fähren nach Schweden?

Brücken übers Meer

Seit dem Jahr 2000 gelangt man „trockenen Fußes“ von Deutschland nach Schweden, nämlich über die Große-Belt-Brücke (seit 1996) und die Öresundbrücke (seit 2000). Damit habe für Skandinavien ein neues Zeitalter begonnen, so dachten manche, und der Fährverkehr zwischen Deutschland und Schweden oder sogar nach Norwegen werde überflüssig.

Die Brücken werden tatsächlich rege benutzt. Trotzdem verkehren seitdem noch mehr Schiffe zwischen Deutschland und seinen nördlichen Nachbarn als vor deren Bau. „Nach Schweden ohne erzwungene Pause“ lautete einer der Werbeslogans des Brückenbetreibers „Öresund-Konsortium“. Offenbar war den Brückenfans nicht bekannt, dass viele Menschen sehr gerne eine Pause auf See machen. Lastwagenfahrer haben sogar vorgeschriebene Pausen zwischen den Lenkzeiten. Auf langen Fahrten übernachten sie in ihren Fah-

Die Öresundbrücke ist 7,8 Kilometer lang, die Beltbrücke sogar 18 Kilometer.

rerhäusern. Toiletten und Waschräume benutzen sie in den Autobahnraststätten. Insofern genießen sie es sehr, wenn sie zwischendurch einmal eine eigene Kabine mit Sanitärzelle haben.

Außerdem muss man von Deutschland kommend erst weit nach Norden fahren, um bei Kolding in Dänemark nach Osten auf die Brücken abzubiegen. Die Straßenkilometerstrecke von Frankfurt nach Stockholm ist über die Brücken 1.606 Kilometer lang, mit den beiden Fähren der Vogelfluglinie 1.418 Kilometer und mit der Fähre von Rostock nach Trelleborg 1.309 Kilometer. Betrachtet man allein die Straßenkilometer, sind die Brücken nach Schweden nur dann sinnvoll, wenn man in Deutschland bereits nördlich von Kiel startet. Kostenlos sind die Brückenüberfahrten natürlich nicht, sondern halten sich mit den Schiffspassagen preislich etwa die Waage.

Ein Vorteil der Route über die Brücken ist, dass man keine festen Abfahrtzeiten einhalten muss, was aber auf den kürzeren Fährstrecken durchaus zu vernachlässigen ist. Die Schiffe der Vogelfluglinie legen alle halbe Stunde ab, ein Ticket kann man während der Anfahrt nach Puttgarden online buchen. Die Fähren von Rostock nach Gedser verkehren alle zwei Stunden und können ebenfalls auch kurzfristig online gebucht werden. Die Brücken sind nur an wenigen Tagen im Jahr geschlossen, nämlich wenn so starker Wind weht, dass es für die darüberfahrenden Autos gefährlich werden könnte. Bei so starkem Wind ist eine Fährüberfahrt allerdings auch nicht sehr gemütlich, falls sie denn überhaupt stattfindet.

10 Der rauchende Schornstein
Umweltbewusstsein auf See

In vielen deutschen Innenstädten wurden Fahrverbote für Dieselfahrzeuge erlassen. Ein einziges großes Kreuzfahrtschiff jedoch soll genauso viel Feinstaub ausstoßen wie Millionen Dieselfahrzeuge mit gutem Abgasfilter. Allmählich beginnt aber offensichtlich auch auf See ein Umdenken, und augenscheinlich geht das bei den Reedereien der Fähren schneller als bei den Betreibern der Kreuzfahrtschiffe.

Das Umweltbewusstsein war und ist in der Seefahrt nicht sonderlich hoch ausgeprägt. Schiffe mit Maschinenantrieb haben nun einmal einen oder mehrere Schornsteine, so denken wohl viele Seemänner. Die „frische Seeluft" auf Deck war und ist meistens aber nicht so frisch, wenn man sich hinter dem Schornstein befindet.

Ein Umdenken findet nur langsam statt. So nutzen die beiden Color-Line-Fähren COLOR FANTASY und COLOR MAGIC seit Juli 2019 Landstrom, solange sie im Kieler Hafen liegen. Normalerweise produzieren Schiffe auch während der Hafenliegezeit ihren Strom selbst, d.h., die Maschinen laufen weiter, wenn auch mit deutlich verringerter Leistung als in Fahrt. Die Menschen in den Hafenstädten bekommen den Rauch und den Feinstaub aus den Schiffskaminen dann nahezu ungefiltert ab.

2013 baute Scandlines die erste Passagierfähre auf der Strecke Puttgarden–Rödby auf Hybridantrieb um und machte damit so gute Erfahrungen, dass im folgenden Jahr auch die drei weiteren Fähren der Vogelfluglinie auf diesen innovativen Antrieb umgerüstet wurden: Wird von den Dieselmotoren mehr Energie erzeugt als benötigt, wird diese in

Die Hybrid-Fähren haben zusätzlich zu den Dieselmotoren einen Elektroantrieb, der mit Strom aus den Batterien gespeist wird. Aufgeladen werden die Batterien beim Normalbetrieb der Dieselmotoren. Wird mehr Energie benötigt, werden die Elektromotoren zusätzlich aktiviert. So laufen die Dieselmotoren kontinuierlich im optimalen Wirkungsgrad.

Batterien gespeichert. Umgekehrt kann bei höherem Energiebedarf Batteriestrom hinzugezogen werden, ohne dass die Dieselmotoren in einem höheren Drehzahlbereich arbeiten müssen. Zusätzlich zum Hybridsystem wurden auf den Scandlines-Fähren Abgaswäscher, sogenannte Closed Loop Scrubber, installiert, die 90 Prozent des Schwefel- und Rußpartikelgehalts aus den Fähremissionen entfernen.

Zudem ist die Fähre OSTFRIESLAND seit 2015 als erstes Schiff mit LNG-Antrieb in deutschen Seegebieten unterwegs. Die Abkürzung LNG steht für liquefied natural gas, zu Deutsch Flüssigerdgas. Ein Motor, der mit diesem Kraftstoff betrieben wird, stößt deutlich weniger Schadstoffe aus. Anders als bei den üblichen Brennstoffen wie Diesel oder Schweröl sind die Partikel- und Schwefelemissionen minimal. Auch die Treibhausgase, die bei der Verbrennung von LNG entstehen, sind wesentlich geringer, als wenn Schweröl oder Diesel verbrannt wird. Die OSTFRIESLAND wurde mit dem neuen Antrieb nachge-

rüstet. Ebenfalls seit 2015 fährt auch das Fahrgastschiff HELGOLAND mit dem neuen Brennstoff.

Auf der Ostsee war bis zur Drucklegung dieses Buches im Jahr 2020 noch kein Schiff mit diesem innovativen Antrieb in Betrieb. Die TT-Line hat aber eine „Green Ship"-Fähre in Auftrag gegeben, die 2022 in Dienst gehen soll. Dieses Schiff soll mit einem dualen Antrieb fahren, nämlich sowohl mit Flüssigerdgas als auch mit Dieselkraftstoff. Gebaut werden soll das 230 Meter lange und 31 Meter breite Fährschiff auf der chinesischen

Bis jetzt wurden nur sehr wenige Schiffe nach Energiesparkonzepten gebaut bzw. umgerüstet.

Werft Jinling in Jiangsu. Die Fähre soll Platz für 800 Passagiere bieten und Autos und Lastwagen aufnehmen. Eine Option für ein zweites Schiff wurde nach Angaben von TT-Line vereinbart.

Durch erhebliche Investitionen in die Schiffsantriebe wurden die CO_2-Emission der Finnlines-Fähren deutlich reduziert: 2019 stießen die finnischen Fähren 30 Prozent weniger CO_2 aus als noch im Jahr 2008. Bis 2050, so lautet das ehrgeizige Ziel von Finnlines, sollen die CO_2-Emissionen weiter auf die Hälfte des jetzigen Standes gesenkt werden.

11 In die weite Welt
Fährlinien und -gesellschaften

Vergleichbare Preise für Fährüberfahrten anzugeben, ist praktisch unmöglich. Der Preis für die Überfahrt hängt nicht nur von der Art der Kabine und der Größe des Fahrzeuges ab. Die Preise können sich auch je nach Saison unterscheiden. Ebenso kann der Zeitraum zwischen Buchung und Abfahrt Auswirkungen auf den Preis haben. Frühbucher bekommen meistens günstigere Tickets. Zudem gibt es häufig spezielle Angebote, die teilweise deutlich unter dem Normalpreis liegen.

Die NILS HOLGERSON pendelt zwischen Travemünde (Foto) und Trelleborg.

Es gibt einige wenige Fähren, bei denen die Kosten für das Essen bereits im Preis für die Passage enthalten sind. Normalerweise ist das nicht so. Günstiger, als jede Mahlzeit einzeln zu bezahlen, sind meist „Essenspakete", die man vorab buchen kann. Grundsätzlich gilt, dass Fährverbindungen ins Baltikum günstiger sind als die Überfahrten nach Norwegen, Schweden oder Finnland. Allerdings ist auch das Ausstattungsniveau der Schiffe nach Skandinavien deutlich höher als das der Baltikumschiffe, die vor allem auf Frachtgut ausgerichtet sind. Das macht sich auch bei den Mahlzeiten an Bord bemerkbar: Auf vielen Baltikumfähren wird das Essen wie in einer Kantine an einer Theke ausgegeben. Ein Essen in einem À-la-carte-Restaurant oder einem Büfett auf einer Fähre nach Oslo oder Helsinki ist wesentlich besser – und deutlich teurer.

Scandlines fährt von Puttgarden nach Rödby (Dänemark, Vogelfluglinie), von Helsingör (Dänemark) nach Helsingborg (Schweden) und von Rostock nach Gedser (Dänemark). Ab Puttgarden legen die Fähren alle 30 Minuten ab, ab Rostock alle zwei Stunden. Die Zeit für das Einchecken wird deutlich lockerer gehandhabt als auf den längeren Fährstrecken: Wenn man die Fährüberfahrt vorgebucht hat, muss man nur 15 Minuten vor Abfahrt im Hafen sein.

Finnlines bedient die Strecken Travemünde–Helsinki (Finnland, 29 Stunden), Travemünde–Malmö (Schweden) und Kapellskär (nordöstlich von Stockholm)–Langnäs (Aland-Inseln, Finnland; 3,5 Std)–Naantali (Finnland, bei Turku;

insgesamt 9 Stunden). Die Finnlines-Schiffe sind die einzigen Fähren, mit denen man direkt nach Finnland kommt. Auf dieser Strecke setzt Finnlines seine Schiffe der Star-Klasse ein. Nach Malmö fahren die Schiffe FINNTRADER, FINNPARTNER und EUROPALINK. Zwischen Langnäs und Naantali sind die Schiffe FINNFELLOW und FINNSWAN unterwegs. Eine Besonderheit ist, dass auf der Passage zwischen Kapellskär und Naantali die Mahlzeiten bereits im Preis für die Passage inbegriffen sind.

Die Schiffe von TT-Line steuern nur Häfen in Schweden an. Ihre Schiffe fahren von Travemünde, Rostock und Świnoujście (Polen) nach Trelleborg (Südschweden).

Die wichtigste Route der Color Line ist die Strecke Kiel–Oslo (Norwegen). Die Fährgesellschaft bedient aber auch die Strecken Hirthals (Dänemark)–Larvik (Norwegen) und Hirthals–Kristiansand (Norwegen). Die Color Line ist die einzige Fährgesellschaft, mit der man von Deutschland direkt nach Norwegen kommt.

Stena Line fährt von Kiel nach Göteborg (Schweden), von Rostock und Sassnitz nach Trelleborg, von Fredrikshavn (im Nordosten von Dänemark) nach Göteborg und nach Oslo, von Grenaa (Dänemark, Nähe Aarhus) nach Varberg (Schweden) und von Gdynia (bei Danzig) nach Karlskrona (Schweden). In Richtung Baltikum bedient Stena Line die Strecken von Travemünde nach Liepaja (Lettland) sowie von Ventspils (Lettland) nach Nynäshamn (bei Stockholm).

Die St. Peter Line ist auf der Strecke Helsinki–St. Petersburg (Russland)–Tallinn (Estland)–Stockholm–Helsinki unterwegs. Das eingesetzte Schiff PRINCESS ANASTASIA hat einen sehr hohen Standard, ist also keineswegs mit einer Lastwagenfähre zu vergleichen. Mit 834 Kabinen für 2.500

Passagiere ist die PRINCESS ANASTASIA fast so groß wie die Kreuzfahrtfähren der Color Line und auch die Angebote an Bord sind ähnlich umfassend.

Tallink Silja Line ist eine estnische Fährgesellschaft, deren Schiffe zwischen Estland, Lettland, Finnland, Schweden und den Aland-Inseln unterwegs sind. In Deutschland sind ihre Schiffe nicht zu sehen, denn derzeit läuft keine Tallink-Fähre eine deutsche Hafenstadt an. Die Schiffe von Tallink Silja haben einen recht hohen Standard.

Neben den großen Fährgesellschaften betreiben auch viele kleinere Reedereien Fähren auf der Ostsee. Die Fähren der estnischen Fährgesellschaft Tuule Liinid verkehren zwischen dem estnischen Festland und den Inseln vor Estland. Die Unity Line bietet Überfahrten von Świnoujście nach Ystad (Schweden) an. Wer im Nordosten Deutschlands wohnt, kommt evtl. schneller nach Schweden, wenn er nicht in Sassnitz, sondern in Świnoujście (Polen) auf das Schiff geht und nach Ystad (Unity Line) oder Trelleborg (TT-Line) fährt.

Der TransRussiaExpress fuhr früher einmal die Strecke Lübeck–Sassnitz–St. Petersburg–Kaliningrad und Retoure. Im Jahr 2019 war der TransRussiaExpress nicht mehr in Betrieb und es ist nicht bekannt, ob auf dieser Linie wieder Schiffe fahren werden. Gleiches gilt für die Schiffe der SSC Ferris zwischen der estnischen Insel Saaremaa und Ventspils in Lettland.

Nicht möglich ist es, von Deutschland aus mit einer Fähre nach Stockholm bzw. Nynäshamn zu fahren. Derzeit verkehrt auch keine Fährlinie von Deutschland nach St. Petersburg. Nach Grönland fährt ebenfalls keine Fähre und von Island weiter nach Westen in Richtung USA auch nicht.

Typisch für eine Frachtfähre ins Baltikum (hier Klaipeda): viele Spurmeter hinten für Lkw und Autos, aber wenige Kabinen in den Aufbauten vorne.

Anders als die REGINA SEAWAYS (siehe Seite 36/37) ist die BALTIC QUEEN vor allem für den Personentransport konzipiert.

Der Schärengürtel vor Helsinki besteht aus über 300 kleinen Inseln. Überfahrten mit Start oder Ziel in Helsinki sind eine schöne Möglichkeit, diese einzigartige Naturlandschaft kennenzulernen.

EUROPALINK

12 Fähren als Kreuzfahrtschiffe
Minikreuzfahrten

Minikreuzfahrten auf Fähren sind eine komfortable und mitunter sogar relativ günstige Möglichkeit, Hafenstädte an der Ostsee kennenzulernen – und Fährschiffe. Anders als bei einer normalen Fährüberfahrt fährt man bei einer Minikreuzfahrt hin- und zurück, mit kurzem Aufenthalt im Zielhafen.

St. Petersburg, die Stadt an der Newa, kann ohne Visum per Minikreuzfahrt von Stockholm oder Helsinki aus erkundet werden.

Das Auto kommt nicht mit, was den relativ günstigen Preis im Vergleich zu regulären Überfahrten mit Auto erklärt. Wie immer muss man beim Preisvergleich darauf achten, welche Art von Kabine beim günstigsten Preis dabei ist – in der Regel ist es eine Innenkabine. Außenkabinen gibt es bei Minikreuzfahrten natürlich auch, eben gegen Aufpreis. Wenn man während der Liegezeit die Hafenstadt anschauen möchte, sollte man sich vorher informieren, wie nahe der Fährhafen an der Innenstadt liegt. Einige Hafenstädte, z.B. Helsinki, haben mehrere Fährhäfen, die unterschiedlich weit vom Stadtzentrum entfernt sind. Wer die Passagen Travemünde–Helsinki und anschließend Helsinki–Tallinn fährt, muss in Helsinki nicht nur das Schiff, sondern auch den Hafen wechseln.

Kurios erscheint es, dass eine Minikreuzfahrt, d.h. die Passage hin und zurück, mit Kabine und Mahlzeiten, günstiger sein kann als eine einfache

Überfahrt ohne Auto, aber mit Kabine und Essen. Passagiere, die nur die Hinfahrt nutzen, handeln zwar nicht im Sinne der Fährgesellschaften – denn die „Nebeneinnahmen“ an Bord durch Getränke an der Bar halbieren sich dadurch, aber es ist natürlich trotzdem möglich, während einer Minikreuzfahrt am Zielhafen von Bord zu gehen und zur Rückfahrt nicht wieder aufzutauchen. Ein schlechtes Gewissen muss man dabei nicht haben: Fähren warten beim Ablegen nicht auf fehlende Passagiere. Kreuzfahrtschiffe übrigens auch nicht.

Mit der COLOR FANTASY und der COLOR MAGIC kann man nicht nur samt seinem Auto nach Norwegen übersetzen, sondern auch eine Minikreuzfahrt unternehmen. Zwei Tage und zwei Nächte dauert eine solche Fahrt auf der Strecke Kiel–Oslo–Kiel. Wenn man das Essenspaket bucht, isst man im Büfett-Restaurant. Das ist sehr empfehlenswert, da man hier die größte Auswahl hat und ein vergleichbares Essen à la carte in einem der anderen Restaurants teurer ist. Die Color Line bietet bei ihrer Minikreuzfahrt auch eine Stadtrundfahrt mit dem Bus in Oslo an, freilich für weitere 40 Euro pro Person.

Die estnische Fährgesellschaft Tallink Silja bietet Minikreuzfahrten zwischen Stockholm und Helsinki an. Eingesetzt auf dieser Strecke werden die beiden Schiffe SILJA SERENADE und SILJA SYMPHONY. Abfahrt in Stockholm ist um 16.45 Uhr, Ankunft in Helsinki am nächsten Vormittag um 10.30 Uhr. Die Rückfahrt beginnt um 17.00 Uhr in Helsinki, zurück in Stockholm ist man um 9.45 Uhr am nächsten Vormittag. Eine andere Minikreuzfahrt von derselben Fährgesellschaft führt von Stockholm nach Turku in Finnland. Abfahrt ist um 19.30 Uhr in Stockholm, Ankunft in Turku am nächsten Morgen um 7.00 Uhr. Dort beginnt die Rückfahrt um 8.15 Uhr und nach einem Tag auf See kommt man um 18.15 Uhr wieder in Stockholm an. Auf dieser Strecke verkehren GALAXY und BALTIC PRINCESS. Auch die Fährüberfahrten von Tallink Silja von Stockholm nach Tallinn und von Stockholm

nach Riga kann man als Minikreuzfahrt nutzen (www.tallink.com).

Mit der St. Peter Line kann man die Strecke Helsinki–St. Petersburg–Tallinn–Stockholm–Helsinki als Minikreuzfahrt fahren, und zwar ohne Visum! Tatsächlich kann man auf diese Weise St. Petersburg zu Fuß besichtigen, ohne die aufwendige und teure (ca. 100 Euro) Prozedur bewältigen zu müssen, sich ein Visum für Russland zu besorgen. Einen Tag lang ist man in St. Petersburg unterwegs, und die Fährgesellschaft sorgt für den Transfer zur und von der Innenstadt

Auch wenn das Schifffahrtsmuseum im Winter geschlossen ist: Göteborg ist auch in der kalten Jahreszeit eine Minikreuzfahrt wert.

Der Panzerkreuzer AURORA an seinem „ewigen Liegeplatz“ in St. Petersburg. Das Kriegsschiff ist ein Symbol der Oktoberrevolution und wird entsprechend hoch geachtet.

zum Hafen. 72 Stunden darf man sich visumfrei in St. Petersburg aufhalten, allerdings nur, wenn man auf genau diese Weise mit der Fähre an- und abreist.

Nicht als Minikreuzfahrt, sondern typischerweise zum Bierholen dient vielen Finnen die zweistündige Überfahrt von Helsinki nach Tallinn. Alkohol ist in Estland nämlich wesentlich günstiger als in Finnland. Auch in einem Supermarkt bezahlt man in Finnland für eine Dose Bier mindestens drei Euro. Es gibt Passagiere, die in Helsinki mit leerer Sackkarre an Bord gehen. Diese recht günstige Überfahrt von Helsinki nach Tallinn und umgekehrt (ab 19 Euro) ist zu empfehlen, weil man auf diese Weise bei einem Urlaub in Finnland oder in Estland auch einen Tagesausflug zur Hauptstadt des „gegenüberliegenden" Landes unternehmen kann. Man muss allerdings bedenken, dass der Fährhafen, in dem die Schiffe von Tallinn ankommen, nicht direkt im Stadtzentrum Helsinkis liegt.

13 Der Fahrer fährt nicht mit
Unbegleitete Trailer

Vor allem auf reinen Frachtfähren, aber auch auf vielen RoPax-Schiffen, also kombinierten Fracht- und Passagierfähren, werden sogenannte unbegleitete Trailer transportiert. Dabei handelt es sich um mehrachsige Sattelauflieger, die von einer Zugmaschine (auch Sattelschlepper genannt, eine Art „Mini-Lkw" mit Führerhaus und dahinter einer kurzen Plattform mit Sattelkupplung, auf welcher der Sattelauflieger aufliegt) gezogen werden. Die Sattelauflieger können ohne Zugmaschine auf dem Schiff mitgenommen werden.

Sattelauflieger dürfen in Deutschland bis zu 13,68 Meter lang, 2,55 Meter breit und 4 Meter hoch sein. Damit ist die Ladelänge eines Sattelaufliegers etwas kürzer als die eines Hängerzuges (Lastwagen mit Anhänger). Die Nutzlast eines Sattelaufliegers ist aber höher als die eines Hängerzuges und das Be- und Entladen eines Sattelaufliegers geht schneller als bei einem in zwei Einheiten geteilten Hängerzuges.

Die unbegleiteten Trailer werden von Zugmaschinen einer Spedition ins Hafengelände zum vorgeschriebenen Abstellplatz gebracht. An Bord gezogen werden sie dann von sogenannten Tugs, Zugmaschinen, die speziell für den Einsatz im Hafen und auf dem Schiff konzipiert wurden. Bei einigen „Tugs" ist das Fahrerhaus drehbar, sodass der Fahrer sein Fahrerhaus nach hinten drehen kann, um beim Ankoppeln bessere Sicht auf den Sattelauflieger zu haben. Anschließend dreht er das Fahrerhaus wieder nach vorne, um zu fahren und den Sattelauflieger zu ziehen. Die Fahrer der „Tugs" gehören zum Hafenpersonal. Am Zielort werden die unbegleiteten Trailer auf dieselbe Weise vom dortigen Hafenpersonal ausgeladen und dann im Hafen abgeholt.

Vorteil für die Speditionen sind geringere Personalkosten: Der Leerlauf, den die Fahrer sonst auf dem Schiff verbringen, entfällt. Ebenso entfallen die Kosten für die Kabine an Bord. Unbegleitete Trailer werden vor allem auf längeren Seestrecken, z.B. von oder nach Deutschland zur nördlichen oder östlichen Ostsee, eingesetzt. Für die 20-minütige Überfahrt von Helsingör (Dänemark) nach Helsingborg (Schweden) rentiert sich ein An- und Abkoppeln eines Sattelaufliegers nicht. Auf der Strecke von Travemünde nach Helsinki (29 Stunden, 1.132 Kilometer) werden dagegen 90 Prozent der Lastwagenfracht in unbegleiteten Trailern transportiert.

Beladung der FINNLADY im Hafen von Travemünde mit unbegleiteten Trailern.

14 Ungemütlich, aber extrem wichtig
Die Autodecks

Obwohl sie gewiss nicht die schönsten Bereiche eines Schiffes sind, sind sie praktisch die wichtigsten Räume: die Autodecks. Da Fährschiffe anders als reine Passagierschiffe vor allem auf den Transport von Fahrzeugen ausgelegt sind, müssen die Autodecks entsprechend groß sein.

Die verschiedenen Autodecks haben unterschiedliche Höhen. Dementsprechend werden die Fahrzeuge vorab in den Fahrspuren im Hafen sortiert. Nicht nur die Länge, sondern auch die Höhe eines Fahrzeuges wirkt sich auf den Preis für das Ticket aus.

Die Kapazität der Autodecks wird in Spurmetern angegeben. Üblich sind bei Fährschiffen zwischen 2.000 und 4.000 Spurmeter. Die Relation von Spurmetern und Kabinenplätzen ist sehr unterschiedlich und auf die Route ausgerichtet, auf der die Fähre eingesetzt werden soll. Wenn vor allem Fracht – Lastwagen oder unbegleitete Trailer – transportiert werden soll, braucht man viele Spurmeter, aber weniger Kabinen. Besteht die primäre Zielgruppe aus Urlaubern mit Personenwagen, muss die Relation umgekehrt sein. Deshalb können Fährschiffe auch nicht beliebig auf einer anderen Route eingesetzt werden.

Meist haben Fähren zwei, drei oder vier Autodecks. Teilweise sind die Hafenanlagen so konzipiert, dass vom Kai Zufahrtsbrücken zum zweiten Autodeck hinaufführen, sodass das „ebenerdige" und das darüberliegende Autodeck

In die Autodecks kann alles eingeladen werden, was selbst fahren oder auf Anhängern transportiert werden kann.

gleichzeitig beladen werden können. Viele Fähren haben auch ein Autodeck, das unter der Wasserlinie liegt. Um dieses untere Deck zu erreichen, wird im Schiff eine Rampe abgesenkt, sodass Autos vom Haupt-Autodeck nach unten fahren können.

In den Autodecks werden nicht nur Autos transportiert, sondern alles, was auf Rädern fährt, wie Baumaschinen oder Jachten, die auf Trailern transportiert werden. Motorräder müssen im Autodeck gesichert werden, damit sie nicht umfallen. Je nach Fährgesellschaft müssen das die Motorradfahrer mit den vorhandenen Gurten selbst übernehmen oder die Crew kümmert sich darum. Wenn sehr schweres Wetter zu erwarten ist, werden auch Autos und Lastwagen festgezurrt.

Die Autodecks samt ihrer Bug- oder Heckklappen sind eine unvermeidliche Schwachstelle bei allen Fähren (siehe Kapitel 37). In anderen Schiffen sind die unteren Bereiche in einzelne Sektionen unterteilt. Unsinkbar wird ein Schiff deshalb trotzdem nicht, wie man seit dem Untergang der TITANIC weiß. Der Eisberg riss sechs der 16 Sektionen auf. Wären nur zwei oder drei davon vollgelaufen, wäre die TITANIC schwimmfähig geblieben. Fährschiffe haben keine Unterteilungen dieser Art. Die Auffahrrampen zwischen den Autodecks sind während der Fahrt geschlossen und sollen die einzelnen Decks wasserdicht voneinander abtrennen. Die ESTONIA versank allerdings bereits eine halbe Stunde, nachdem die Bugklappe abgerissen war, in den Fluten der Ostsee. Die TITANIC trieb nach der Kollision mit dem Eisberg immerhin noch zweieinhalb Stunden lang auf der Oberfläche des Atlantiks.

Die Autodecks sind auch insofern eine Gefahrenquelle, weil an einem der Fahrzeuge ein Feuer ausbrechen könnte. Der verheerende Brand auf der LISCO GLORIA am 8. Oktober 2010 begann an einem Lastwagen, der auf dem offenen Autodeck abgestellt war. Deshalb sind über allen offenen Autodecks Wasserkanonen montiert. Alle inneren Autodecks sind mit Sprinkleranlagen versehen, sodass man im Falle eines Brandes quasi das Autodeck unter Wasser setzen könnte. In den oberen Autodecks gibt es spezielle Öffnungen nach draußen, sodass das Löschwasser nach außen abfließen kann. In den unteren Autodecks sind Pumpen installiert, die das Löschwasser wieder nach oben pumpen, sodass es von dort nach außen abfließt. Durch die zunehmende Zahl der Elektroautos wird ein Feuer auf einem Autodeck noch gefährlicher. In Brand geratene Elektroautos sind extrem schwer zu löschen. Steht ein brennendes Elektroauto im Freien, lässt die Feuerwehr es notfalls einfach ausbrennen und kühlt stattdessen unbewegliche Dinge, die sich in der Nähe des brennenden Elektroautos befinden. Bei einem Brand in einem Autodeck oder einem voll beladenen offenen Deck ist diese Vorgehensweise natürlich nicht machbar.

Auch Motorradfahrer sind eine wichtige Zielgruppe für die Fährschifffahrt.

15 Egal ob vorwärts oder rückwärts
Die Doppelendfähren

Doppelendfähren sind Fährschiffe, die in beide Richtungen fahren können. Sie haben kein eindeutiges Bug oder Heck, sondern je nach Fahrtrichtung wechselt dies. Dementsprechend ist der Antrieb der Schiffe konzipiert: Es gibt keine Antriebswellen zu den Schiffsschrauben unter dem Heck, denn ein gleichbleibendes Heck gibt es ja nicht. Die Schiffsschrauben der Doppelendfähren sehen aus wie vier kleine Außenbordmotoren, die unten am Unterwasserschiff angebracht sind und gedreht werden können.

Auch gibt es zwei Brücken: Je nach Fahrtrichtung wechseln Kapitän und Steuermann von einer Brücke zur anderen. Doppelendfähren haben immer zwei Klappen für die Ein- und Ausfahrt der Autos und können dementsprechend relativ schnell be- und entladen werden. Solche Fähren verkehren da, wo die Fährstrecke so kurz ist, dass sich ein Wendemanöver nicht rentieren würde.

Vier nahezu baugleiche Doppelendfähren von Scandlines, die PRINS RICHARD, die SCHLESWIG-HOLSTEIN, die DEUTSCHLAND und die PRINSESSE BENEDIKTE, pendeln zwischen Puttgarden und Rödbyhavn. Diese vier Scandlines-Fähren wurden ab 1997 in Dienst gestellt und inzwischen auf Hybridantrieb umgerüstet. Auch in Estland zwischen den Inseln Saaremaa und Hiiumaa sind Doppelendfähren unterwegs, ebenso auf dem Bodensee. Auch auf Flüssen, beispielsweise auf der Elbe zwischen Glückstadt und Wischhafen, werden Doppelendfähren eingesetzt.

Doppelendfähren sind nicht nur bezüglich Antrieb und Brücke anders als normale Fähren gebaut. So gibt es auch kein herkömmliches Achterdeck,

das für gewöhnlich die Freifläche für die Passagiere darstellt. Die Passagierbereiche unter freiem Himmel werden auf Doppelendfähren üblicherweise mittschiffs auf dem zweitobersten Deck eingerichtet.

Dieser Schiffstyp ist zwar für kurze Fährüberfahrten von Vorteil, er hat jedoch auch Nachteile: Das Unterwasserschiff hat eine ungünstigere Form, sodass der Energieverbrauch höher ist als bei normalen Fähren derselben Größe. Die Antriebsart ist recht kompliziert, was natürlich eine höhere Investition bei der Anschaffung und auch höhere Wartungskosten bedeutet.

Platz unter freiem Himmel findet man hier mittschiffs, denn ein klassisches großes Achterdeck als Freifläche für die Passagiere gibt es auf Doppelendfähren nicht.

16 Im Hafen
Die Zeit vor der Abfahrt

Üblicherweise muss man spätestens zwei Stunden vor Abfahrt des Schiffes die Kontrollstelle an der Hafeneinfahrt passiert haben. Eventuell ist es auch möglich, dass man sich erst eine Stunde vor Abfahrt des Schiffes in die Warteschlangen einreiht. Sicher ist das aber keineswegs. Nur auf der Vogelfluglinie gelten andere Regeln.

Wer zu spät in den Hafen kommt, muss vielleicht aus der Ferne zusehen, wie das Schiff beladen wird, er wird aber trotzdem nicht mehr vorgelassen.

Dies ist keine Schikane, sondern hat praktische Gründe: Auf vielen Fährschiffen werden im „ebenerdigen" Autodeck nur Lastwagen abgestellt. Pkw befinden sich

meistens eine oder zwei Ebenen höher, d.h., sie fahren im Autodeck durch eine klappbare Rampe nach oben und haben deshalb Vorrang vor den Lastwagen. Erst wenn die oberen Decks gefüllt sind, wird die klappbare Rampe im unteren Autodeck nach oben bewegt und die Lastwagen dürfen ins Schiff fahren. So steht auch der Platz unter der Rampe für Lastwagen zur Verfügung. Die einzelnen Fahrzeuggrößen werden in den Warteschlangen sortiert und fahren in der richtigen Reihenfolge ins Schiff ein.

Im Eingangsbereich des Hafens wird angezeigt, welche Kontrollstelle für welche Fährgesellschaft zuständig ist. An den Kontrollstellen wird auf einem Display angezeigt, wann das Boarding beginnt.

Am geöffneten Schalter angekommen, werden die Tickets kontrolliert bzw. ausgehändigt. Heute ist es bei allen Fährlinien so, dass man per Mail eine Buchungsbestätigung bekommt und diesen Ausdruck an der Kontrollstelle vorlegt. Dann erhält man die Tickets für das Auto, die Schlüsselkarten für die Kabine und häufig auch die Tickets, die man beim Eintritt in die Büfett-Restaurants vorlegen muss. Auch Personalausweis oder Reisepass werden kontrolliert. Anders als bei Straßen-Grenzübergängen innerhalb der EU werden bei Schiffsreisen immer alle Ausweise kontrolliert,

Entladung der FINNLADY in Travemünde. Die Finnlines-Fähren kommen um 21.30 Uhr in Travemünde an und legen um 3 Uhr nachts wieder ab – mit Ziel Helsinki.

4
10:30 S
Helsingi
5
30 Star
Helsingi

auch die der Kinder. An der Kontrollstelle werden die Autofahrer mit Wohnwagen und Wohnmobilen aufgefordert, die Gasflaschen in ihren Fahrzeugen zuzudrehen.

Nach der Durchfahrt durch die Kontrollstelle am Hafeneingang reiht man sich in die zugewiesene Spur ein. Dann ist Warten angesagt, bis die Fahrzeuge in der jeweiligen Fahrspur von den Hafenmitarbeitern aufgerufen werden, ins Autodeck zu fahren. Die Schiffe von Finnlines fahren nachts um drei in Travemünde ab. Passagiere, die zu Fuß kommen, können schon ab etwa 22.30 Uhr an Bord gehen. Gleiches gilt für die Mitfahrer der Pkw. Sie dürfen ebenfalls schon wesentlich früher an Bord und werden dazu in Kleinbussen der Fährgesellschaft an den Wartespuren abgeholt und ins Schiff gefahren, sodass nur der Fahrer im Auto bleiben muss. Die Beladung mit Autos beginnt um 23 Uhr.

Auf der Buchungsbestätigung ist vermerkt, von welchem Hafen und von welchem Terminal das Schiff ablegt. Dies muss man genau lesen, denn es ist nicht immer einfach, das richtige Terminal zu finden. Helsinki z.B. hat mehrere Häfen, die 16 Kilometer weit auseinanderliegen. Angesichts heutiger Navigationsgeräte wäre es sinnvoll, wenn auf den Buchungsbestätigungen nicht nur das Terminal, sondern auch dessen genaue Position mittels GPS-Koordinaten angegeben wäre. Dies ist aber leider noch nicht üblich.

Die Fahrspuren im Hafen Tallinn.

17 Unterschiedliche Quartiere
Kabinenkategorien für Passagiere

Von Suiten bis Pullmannsitze – man kann die Nacht auf einem Schiff sehr unterschiedlich verbringen. Bei Fähren im Mittelmeer ist es durchaus üblich, dass jüngere Leute Isomatte und Schlafsack auf dem Achterdeck ausrollen und dort schlafen. Auf einigen Mittelmeerfähren gibt es sogar einen großen Raum mit Teppichboden und ohne Mobiliar, in dem sich Passagiere ohne Kabine niederlassen können. Derartiges gibt es auf den Ostseefähren nicht. Auch das Übernachten im Freien auf dem Achterdeck ist nicht erwünscht, kommt aber vor.

Eine Suite besteht in der Regel aus zwei Räumen, einem Wohn- und einem Schlafzimmer. Ansonsten hängt der Standard – und natürlich der Preis – vor allem von der Größe der Kabine ab. Zum gehobenen Standard gehört ein Kühlschrank, was praktisch im Gegensatz dazu steht, dass man an Bord keine mitgebrachten Getränke konsumieren soll. Die teuersten und die billigsten Kabinen sind am schnellsten ausgebucht.

Innenkabinen sind günstiger als Außenkabinen, weil sie aus gutem Grund weit weniger beliebt sind. In einer Innenkabine, einem Raum ohne Tageslicht, hält man sich eigentlich nur zum Schlafen auf, weil die Atmosphäre bedrückend wirkt. Zwar kann man auch in einer Außenkabine die Fenster nicht öffnen, trotzdem ist es ein großer Unterschied, ob man Tageslicht hat oder die Kabine nur durch künstliches Licht erhellt wird. Wer aber eine Fährüberfahrt bei Nacht absolviert, z.B. von Rostock nach Trelleborg, Abfahrt 22.45 Uhr, Ankunft 6.15 Uhr, der spürt keinen großen Unterschied zwischen einer Innen- und Außenkabine. Lastwagenfahrer bekommen von ihrer Spedition

in der Regel nur eine Innenkabine bezahlt. In der Regel steht ihnen sogar nur eine „halbe" Kabine zur Verfügung, d.h., sie müssen diese mit einem anderen Fahrer teilen, den sie nicht einmal kennen. Die günstigsten Innenkabinen sind die, die unter der Wasserlinie, also unterhalb des Autodecks liegen. Dies ist natürlich die Sicherheit betreffend weniger empfehlenswert (siehe Kapitel 32).

Auf einigen Mittelmeerfähren wird „Camping an Bord" angeboten. Passagiere, die mit Wohnmobil oder Auto und Wohnwagen anreisen, dürfen diesen auch während der Überfahrt nutzen. Die Wohnmobile und Wohnwagengespanne stehen dann im oberen Autodeck. Dieses Autodeck hat an beiden Seiten große Öffnungen nach außen, sodass Licht und Frischluft vorhanden sind. Die Wohnmobile und Wohnwagen können ans Stromnetz angeschlossen werden, damit der Kühlschrank im Campingfahrzeug weiterlaufen kann. Die Benutzung von Gasgeräten ist strengstens verboten.

Keine Fährgesellschaft auf der gesamten Nord- und Ostsee bietet jedoch „Camping an Bord" an. Dies wird mit Sicherheitsaspekten begründet, weil trotz des Verbotes von Gasgeräten jedes

Blick in eine „normale" Außenkabine: kein Luxus, aber funktional eingerichtet.

dieser Campingfahrzeuge eine potentielle Brandgefährdung darstellt. Auch der Anschluss der Campingfahrzeuge an den Bordstrom ist eine Gefahrenquelle. Ein weiterer Grund – der so nicht genannt wird, aber aus Sicht der Fährgesellschaften gegen „Camping an Bord“ spricht, ist, dass die Passagiere kein Geld an Bord ausgeben. Die Camper packen vor der Überfahrt ihren Kühlschrank voll mit

Die typische Einrichtung einer Vierbettkabine: Doppelbett sowie Stockbett, wobei das untere Bett auch als Sofa genutzt werden kann.

Lebensmitteln und Getränken, die sie dann genüsslich auf dem Achterdeck verspeisen. Für die Finanzexperten der Fährgesellschaften ist ein solcher Anblick ein Graus, denn die Nebeneinnahmen in den Restaurants und Bars an Bord sind ein wichtiger Bestandteil in der Kalkulation von Fährüberfahrten.

Suite in der FINNLADY.

18 Wie viele Passagiere sind an Bord?
Blinde Passagiere

Heute ist es praktisch unmöglich, als Fußgänger unbemerkt in einen Hafen zu kommen und an Bord eines Schiffes zu gehen. Es kommt aber auch auf der Ostsee durchaus vor, dass Lastwagenfahrer in der Schlafkabine ihres Führerhauses heimlich Personen mit an Bord nehmen, die den Fahrer für diese Überfahrt der besonderen Art bezahlen.

In den Ostseehäfen wird bislang kaum kontrolliert, ob sich an oder in Lastwagen blinde Passagiere befinden. In den Mittelmeerhäfen sind die Kontrollen strenger.

Auch wenn mehr als zwei Personen in einem Wohnmobil unterwegs sind, ist es möglich, auf diese Weise die Kosten für die Tickets von weiteren Personen zu „sparen“, und zwar indem diese Personen bei der Kontrolle bei der Einfahrt in den Hafen und beim Einfahren ins Autodeck weiter hinten im Wohnmobil bleiben, wo sie nicht gesehen werden. Nur bei der Einfahrt in die Warteschlangen im Hafen findet eine Kontrolle statt; beim Hineinfahren ins Autodeck nicht mehr.

Bei Abfahrten in Mittelmeerhäfen jedoch wird der Innenraum von Wohnmobilen, die Fahrerkabinen von Lastwagen und häufig auch der Laderaum der Lastwagen kontrolliert. In den Ostseehäfen ist das bis jetzt noch nicht üblich. Solange die Überfahrt nicht allzu lange dauert, ist es durchaus möglich, diese Zeit unbemerkt in der Schlafkabine eines im Autodeck stehenden Lkws oder im Innenraum eines Wohnmobiles zu verbringen – wobei sich in einem Wohnmobil eine

Sanitärzelle mit Toilette befindet, in einem Lkw-Führerhaus nicht. Sicherheitstechnisch ist es natürlich höchst bedenklich, im geschlossenen Autodeck zu bleiben, aber derlei Erwägungen spielen für die so Handelnden wohl keine Rolle. Praktisch ist es aber ebenso möglich, dass ein „blinder Passagier" wie alle anderen Passagiere nach der Einfahrt ins Autodeck aussteigt und sich ganz normal an Bord bewegt. Angesichts des hohen „Umsatzes" an Passagieren an Bord würde dies nicht auffallen, nicht einmal bei längeren Überfahrten, sofern er bei ihm bekannten, „legalen" Passagieren mit in deren Kabine nächtigt.

19 Restaurants und Bars

Essen und Trinken an Bord

Ob man die Preise für alkoholische Getränke an Bord der Ostseefähren als teuer ansieht, hängt davon ab, welches Land als Relation dient. Tatsächlich sind alkoholische Getränke in finnischen Gaststätten teurer als auf den Schiffen von Finnlines. Im Vergleich zu den Gastronomiepreisen im Baltikum liegen die Kosten für einen netten Abend an der Bar auf einem Schiff, das nach Norwegen, Schweden oder Finnland fährt, natürlich recht hoch. Sechs Euro für ein Bier sind üblich, die Preise können aber auch darüberliegen.

Die Nebeneinnahmen an den Bars und Restaurants sind ein wichtiger Faktor in der Kalkulation der Fährgesellschaften.

Wenn man innen sitzt, darf man keine mitgebrachten Getränke konsumieren. Auf dem Achterdeck eigentlich auch nicht, dort wird es aber meistens toleriert.

Generell dürfen auf Fähren keine mitgebrachten Getränke konsumiert werden. Dasselbe gilt für Getränke, die in einem Shop an Bord gekauft wurden. In der Kabine kann das natürlich nicht kontrolliert werden, und auf dem Achterdeck unter freiem Himmel wird der Verzehr eigener Speisen und Getränke meistens toleriert. Auf vielen Schiffen ist auf dem Achterdeck auch eine Bar eingerichtet, dementsprechend sollte man mitgebrachte Flaschen jedenfalls nicht in direkter Nähe dieser Bar öffnen.

Die Preise für Essen an Bord sind je nach Fähre recht unterschiedlich. Auf Frachtfähren kann ein Hauptgericht bei 12 Euro liegen. Das Abendessenbüfett auf den luxuriösen Fähren der Color Line oder den Finnlines-Schiffen kostet etwa 35 Euro. Bier und Wein sind dann schon enthalten und man bekommt ein Fünf-Gänge-Menü von verschiedenen Vorspeisen bis zu Eis oder Kuchen zum Nachtisch.

Abgesehen von den Lastwagen-Fähren ist das Essen an Bord teuer. Rucksacktouristen kamen deshalb schon auf die Idee, auf Deck – oder sogar in der Kabine – ihr Süppchen auf einem Spiritusbrenner zu kochen. Da Feuer auf einem Schiff eine tödliche Gefahr darstellt, kann man froh sein, wenn die Besatzung in diesem Fall nur den Kocher und nicht den Koch über Bord wirft.

20 Gastronomiemitarbeiter und Seeleute
Die Crew

Die Crew, die für „bridge and engine" zuständig ist, also die Seeleute im eigentlichen Sinne, umfasst auf Fährschiffen etwa 20 Personen. Deren Anzahl hängt nicht so sehr von der Größe des Schiffes oder der Zahl der Passagiere ab, da die Aufgaben der Seeleute an Bord unabhängig von diesen Faktoren etwa dieselben sind.

Bei den Offizieren wird unterschieden zwischen den nautischen und den technischen Offizieren. Es gibt aber auch Offiziere, die beide Studiengänge absolviert haben. Für die Offiziersdienstgrade gibt es auf jedem Schiff schriftlich festgelegte Aufgabenbereiche. Der erste Offizier ist üblicherweise für die Seetüchtigkeit, die ordnungsgemäße Beladung und für den Deckbereich zuständig. Der zweite Offizier ist verantwortlich für die Navigationseinrichtungen. Zu den Aufgaben des dritten Offiziers gehört die Kontrolle der Feuerlösch- und Rettungsgeräte an Bord. Bei einem Brand z.B. wäre der dritte Offizier der Leiter der Feuerlöschcrew am

Der Purser (zu Deutsch Zahlmeister) ist der kaufmännische Chef an Bord.

Viele Streifen, aber auch viel Verantwortung tragen die nautischen Offiziere auf ihren Schultern.

Einsatzort im Schiff. Der Kapitän würde auf der Brücke bleiben und von dort alle Maßnahmen koordinieren. Der erste Offizier bliebe ebenfalls auf der Brücke und wäre für die Kommunikation nach außen zuständig. Der oberste technische Offizier ist der Chief Engineer. Ihm unterstehen ein oder zwei weitere technische Offiziere sowie die Schiffsmaschinisten. Anders als auf Kreuzfahrtschiffen müssen die Offiziere auf Fährschiffen keine repräsentativen Aufgaben gegenüber den Passagieren wahrnehmen, was vielen Offizieren auf Fähren durchaus angenehm ist.

Die Dienstzeit der Crew an Bord beträgt je nach Schiff eine, zwei oder vier Wochen. Dann wird die Crew durch eine neue Mannschaft abgelöst, in der wieder alle Berufsgruppen an Bord vertreten sind. Der Purser, auf Deutsch Zahlmeister, ist dafür verantwortlich, dass Offiziere, Seeleute und Hotelpersonal mit den jeweils richtigen Funktionen an Bord sind. Häufig gibt es nach diesem Zeitablauf auch personelle Änderungen, dass gänzlich neue Mitarbeiter ihren Dienst an Bord beginnen und andere ausscheiden. Dies gilt auch für die Offiziere. Die klar definierten Aufgabenbereiche ermöglichen es, dass die Offiziere für eine Dienstzeit an Bord je nach vorhandenen Kollegen ihren Status wechseln können und dennoch klar ist, wer was zu tun hat. Nach dem Wechsel der Crew hat die bisherige Crew für denselben Zeitraum frei. Übers Jahr gerechnet arbeiten Seeleute trotzdem nicht weniger als Angestellte an Land: Die Arbeitszeiten an Bord betragen neun bis 14 Stunden am Tag, und freie Tage während der Periode auf See gibt es üblicherweise nicht.

Die Ausbildung der Seeleute und der Offiziere erfolgt in Deutschland auf den staatlichen Seefahrtschulen. In Deutschland sind das entweder Berufsschulen oder Fach- und Fachhochschulen der Länder. Für die Absolventen dieser Schulen ist es schwierig, nach ihrem Abschluss eine Anstellung zu finden. Auf Container- und Kreuzfahrtschiffen werden häufig nur Seeleute aus Billiglohnländern eingestellt. Abgesehen vom niedrigeren Lohn sind diese Mitarbeiter aus anderen Ländern bei vielen Reedereien auch deshalb attraktiv, weil bei ihnen kaum Lohnnebenkosten anfallen.

Der größere Teil der Besatzung eines Fährschiffes ist für den Hotelbereich zuständig, also für Kabinen und Essen. Wie viel Personal für den Hotelbereich benötigt wird, hängt natürlich davon ab, wie viele Passagiere sich an Bord befinden und ob diese übernachten. Dementsprechend ist auf einem Fährschiff im Sommer die Zahl der Mitarbeiter im Hotelbereich größer als im Winter. Benötigt werden in Relation zur Zahl der Passagiere an Bord fünf bis zehn Prozent Mitarbeiter in den Restaurants, Bars, Shops und im Kabinenbereich. Auf Kreuzfahrtschiffen ist der Anteil der

Auf der Brücke der URD.

Hotelmitarbeiter in Relation zur Passagierzahl wesentlich höher.

Die Finnlines-Schiffe FINNLADY und FINNSTAR sind mit etwa 200 Kabinen für etwa 500 Passagiere ausgelegt, da die Fähren vor allem auf den Transport von Lastwagen und unbegleiteten Trailern konzipiert sind. Für die Passagiere sind 40 Besatzungsmitglieder an Bord, wobei die Hälfte der Crew für „bridge and engine“ und die andere Hälfte für den Hotelbereich zuständig ist. Die COLOR FANTASY hat 2.667 Betten in 966 Kabinen. Insgesamt können 2.750 Passagiere an Bord sein. Dazu kommen 250 Besatzungsmitglieder, von denen die meisten im Hotelbereich arbeiten, also keine eigentlichen Seeleute sind.

21 Standesunterschiede
Die Kabinen der Crew

Die Kabinen der Crew befinden sich meistens in einem eigenen Deck oder einem Teil davon. Dieser Bereich ist mit „Crew only" bezeichnet, was bedeutet, dass Passagiere hier keinen Zutritt haben. In diesem Bereich befindet sich auch die Messe der Crew, d.h. ein Speiseraum mit Theke, an der Essen ausgegeben wird oder an der sich die Mannschaft selbst bedienen kann.

An die Messe ist meistens ein Aufenthaltsraum angeschlossen, in dem ein Fernseher steht und Bücher und Brettspiele vorhanden sind. Auf einigen Fährschiffen gibt es zwei Aufenthaltsräume, von denen einer für die Offiziere reserviert ist. Oftmals gibt es für die Crew eine eigene Sauna. Ebenso steht für die Crew auf vielen Schiffen ein eigenes offenes Deck zur Verfügung. Auf Kreuzfahrtschiffen ist dies häufig das oberste Deck – damit die Passagiere nicht sehen, wenn die Mannschaft Pause macht.

Die Kabinen für die Crew sind je nach Funktion zugeteilt, d.h., es gibt eine Kabine für den Kapitän, Kabinen für die Offiziere, die Matrosen und die anderen Berufsgruppen auf dem Schiff. Die Crewmitglieder bewohnen während ihrer Dienstzeit an Bord (eine oder mehrere Wochen) eine Kabine, die ihrer Tätigkeit auf dem Schiff entspricht und geben sie am Ende der Dienstzeit an Bord

In der Mannschaftsmesse der FINNLADY.

Offizierskabine auf einer Fähre. Dem Kapitän steht hingegen eine Mini-Suite mit zwei Räumen zur Verfügung.

an denjenigen weiter, der für die nächste Periode dieselbe Aufgabe übernimmt. Dem Kapitän steht eine Art Mini-Suite zur Verfügung, wobei er am Schreibtisch in seinem Wohnraum auch diverse Verwaltungsaufgaben ausführen muss. Die Offiziere und höheren Dienstgrade im Hotelbereich haben eine Ein-Bett-Außenkabine. Die unteren Dienstgrade werden in Zwei-Bett-Innenkabinen untergebracht. Regelrechte Schlafsäle für die Mannschaftsdienstgrade wie zur Zeit der Segelschiffe gibt es auf Fähren nicht mehr, aber immer noch z.B. in Schiffen der Bundesmarine. Auf U-Booten ist es nach wie vor so, dass nicht jedes Crew-

Zweibett-Innenkabine für die unteren Dienstgrade.

mitglied ein eigenes Bett hat: Hier wird nicht nur in Wechselschichten gearbeitet, sondern auch geschlafen.

Auf vielen Kreuzfahrtschiffen ist die Wohnsituation der unteren Dienstgrade der Hotelmannschaft wesentlich schlechter als auf Fährschiffen auf der Nord- und Ostsee. So sind in manchen Kreuzfahrtschiffen die unteren Dienstgrade in engen Vierbettkabinen unter der Wasserlinie untergebracht, obwohl viele Crewmitglieder sechs Monate an Bord bleiben und nur ihre Urlaubszeit zu Hause bei ihren Familien verbringen, die häufig mehrere Tausend Kilometer entfernt leben.

22 Trotz Hightech – das Auge bleibt wichtig
Navigation

In früheren Zeiten war die „Brücke" auf dem Schiff wirklich eine Brücke, d.h. ein erhöhter Steg unter freiem Himmel. Hier waren das Ruderrad und ein Kompass installiert. Später wurde es üblich, dass es zwei Steuerstände gab, einen offenen und einen im Ruderhaus. Auf größeren Motorjachten ist das bis heute so, dass man die Jacht von einem inneren und von einem oberen, offenen Steuerstand aus fahren kann. Auf einigen Schiffen der Berufsschifffahrt sind die Brückennocks, die äußeren Enden der Brücke auf beiden Seiten, noch unter freiem Himmel, damit man von hier aus uneingeschränkte Sicht in alle Richtungen auf der jeweiligen Seite des Schiffes hat.

Die Navigation in der Berufsschifffahrt erfolgt fast ausschließlich auf der Basis digitaler Karten. Auf der Brücke ist das ECDIS (Electronic Chart Display and Information System) installiert und es gibt mehrere Bildschirme, auf denen die digitalen Seekarten angezeigt werden.

Eine Voraussetzung für den Einsatz des ECDIS – die freilich auf allen europäischen Fähren gegeben ist – ist ein Backup-System. Einerseits muss es einen Schutz vor Stromausfall geben. Dies wird auf Fährschiffen durch Notstromgeneratoren sichergestellt, die sich in einem Raum auf einem oberen Deck befinden und die Strom liefern würden, wenn der Maschinenraum zum Beispiel wegen Wassereinbruch oder Feuer ausfallen würde. Als letztes Mittel verfügen Fähren zudem über einen Akku, mit dem auch bei Ausfall aller Generatoren drei Stunden lang das Kartendisplay, ein Radargerät, die Funkanlage und die Notbeleuchtung betrieben werden könnten. Andererseits ist das ECDIS so angelegt, dass alle Komponenten doppelt vorhanden sind. Sollte also eine Komponente ausfallen, ist eine weitere betriebsbereit.

Mittels GPS wird die Position des eigenen Schiffes in der digitalen Karte angezeigt. Für die Fahrt sind „waypoints“ angelegt, feste Positionen, an denen die Fahrtrichtung geändert wird. Das Schiff folgt also einem vorgegebenen „Track“. Entsprechend dem Verlauf dieser virtuellen Linien übers Meer ist permanent der Abstand zur Küste ersichtlich, selbst wenn aufgrund unsichtigen Wetters draußen nichts mehr zu erkennen wäre. Auch die Wassertiefe ist – jedenfalls im Küstenbereich – in der Seekarte vermerkt. Fährt ein Schiff den falschen Kurs und kommt in zu flaches Wasser, ertönt ein Warnsignal. Warum die COSTA CONCORDIA dennoch in unmittelbarer Ufernähe fuhr und im flachen Wasser aufschlug, wird wohl das Geheimnis des Kapitäns bleiben. Ein weiterer Vorteil der digitalen Karten gegenüber Papierkarten ist, dass das Aktualisieren einfach mittels Update geschieht. Früher musste man auf Papierkarten mittels Zirkel und Stift die regelmäßig gelieferten neuen Angaben von Hand einzeichnen.

Der Kurs der Fähren ist auf der Karte einprogrammiert, d.h., auf hoher See sind sie mit einem Autopiloten unterwegs und der Offizier auf der Brücke muss den Kurs des Schiffes nur überwachen, nicht aber

Trotz Radargeräte: scharfes Sehen ist unverzichtbar.

Alles in Sicht- und Griffweite: Radarbildschirm, UKW-Funk, Steuerung des Schiffes und vieles mehr.

Route Information
DISTRESS
PILOT PLUG
FOR AIS

Auf hoher See ist der „Track", der Weg über das Wasser, einprogrammiert und der Offizier überwacht das selbstfahrende Schiff nur.

selbst steuern. Den „Ausguck", freilich schon lange nicht mehr von oben im Mast, sondern von der Brücke aus, gibt es noch genauso wie vor Hunderten von Jahren. Im Küstenbereich müssen sogar immer zwei Mann gleichzeitig als „Ausguck" eingesetzt werden.

Auch wenn der „Track" vorgegeben ist, können Kursänderungen aufgrund von Begegnungen mit anderen Schiffen notwendig werden. Sehr häufig kommt das aber nicht vor, denn meistens fahren Großschiffe auf der Ostsee in „Verkehrtrennungsgebieten". Im nichtseemännischen Sprachgebrauch sind das vorgegebene Einbahnstraßen übers Wasser.

Trotzdem kommt es natürlich zu ungeplanten Begegnungen auf dem Meer. Legendär ist der Untergang des Kreuzfahrtschiffes ANDREA DORIA am 26. Juli 1956 nach der Kollision mit der STOCKHOLM. Die beiden Schiffe hatten sich schon lange vorher auf dem Radarschirm wahrgenommen. Es war eigentlich nur ein Missverständnis zwischen den beiden, das zur Kollision führte: Die STOCKHOLM wollte entsprechend den Kollisionsverhütungsregeln der ihr entgegenkommenden ANDREA DORIA durch eine Kursänderung nach Steuerbord ausweichen. Der Offizier auf der Brücke der ANDREA DORIA ging aber von der Richtlinie aus, dass man den Kurs eines entgegenkommenden Schiffes nicht kreuzt und änderte seinen Kurs nach Backbord – genau in die Linie hinein, in welche die STOCKHOLM abgedreht hatte. Das Resultat war, dass sich die STOCKHOLM mit ihrem Bug in die ANDREA DORIA bohrte und diese bis heute auf dem Meeresgrund ruht.

Solche Kollisionen auf hoher See kommen heute eigentlich nicht mehr vor. Im Hafen oder beim Ein- oder Auslaufen allerdings gibt es immer wieder kleinere Unfälle, weil die Schiffe dabei zwangsläufig in geringerem Abstand zueinander fahren müssen, als es auf hoher See üblich ist. Am 1. November 2019 stieß die Scanlines-Fähre BERLIN beim Auslaufen aus dem Rostocker Hafen mit dem Frachter DANICA VIOLET zusammen. Der Grund dafür war, dass der Frachter aufgrund eines technischen Defekts manövrierunfähig war, unkontrolliert vorwärts trieb und so die BERLIN rammte. Eine größere Gefahr für beide Schiffe bestand aber nicht. Die BERLIN kehrte an ihren Liegeplatz zurück, war bereits am folgenden Tag repariert und konnte den Linienverkehr wieder aufnehmen.

Während das Schiff auf hoher See dem in der Karte einprogrammierten Track folgt, ist bei Annäherung und im Hafen nach wie vor Augenmaß gefragt. Notfalls könnte ein Schiff aber tatsächlich auch „blind" fahren. Mithilfe der digitalen Karte und der Radargeräte können Schiffe der Berufsschifffahrt auch bei extremem Nebel unterwegs sein, wenn rein optisch praktisch keine Wahrnehmung mehr möglich ist.

Im Normalbetrieb wird im Küstenbereich jedoch nach wie vor anhand der Seezeichen, d.h. nach eigener Beobachtung des wachhabenden Offiziers, navigiert. Leuchttürme allerdings gehören inzwischen eher zur maritimen Dekoration der Küste, als dass sie für die Navigation noch wichtig wären. Aus der „Kennung", der Abfolge der Lichtzeichen, kann man erkennen, um welchen Leuchtturm es sich handelt. Wenn man die Abfolge der Lichtzeichen mit der Stoppuhr misst, kann man auf der Seekarte oder im Leuchtfeuerverzeichnis nachschauen, welcher Leuchtturm dieses Signal von sich gibt. Mit einer solchen Stoppuhr die Frequenz der Lichtsignale gezählt haben die Offiziere wohl seit ihrer Ausbildungszeit nicht mehr. Im GPS-Zeitalter weiß jeder Seemann schon lange vorher, an welchem Punkt der Küste er ankommt, und braucht keinen Leuchtturm mehr, um zu erfahren, welcher Ort nun vor ihm liegt.

Manche Sportbootfahrer verlassen sich angeblich auch heute noch auf die „Bäckertütennavigation": in den nächsten Hafen fahren, beim Bäcker Brötchen kaufen und auf der Papiertüte schauen, in welchem Ort man sich gerade befindet.

23 Sehen, wo man optisch nichts sieht
Radar

Radar ist die Abkürzung für „radio detection and ranging." Wenn das Radargerät in Betrieb ist, dreht sich eine Antenne, meistens ein „querliegender Balken" oder auch eine Gitterantenne. Diese sendet und empfängt elektromagnetische Wellen. Radarstrahlung breitet sich wie Licht mit einer Geschwindigkeit von 300.000 Kilometern pro Sekunde aus. Treffen die Strahlen auf ein Hindernis, werden sie reflektiert. Aus der Laufzeit der Impulse berechnet das Radargerät, wie weit dieses Hindernis entfernt ist.

Mittels der Radaranlagen kann ein Schiff auch dann unterwegs sein, wenn wegen Nebel praktisch keine Sicht mehr vorhanden ist.

Unter günstigen Bedingungen kann man auf dem Radarbildschirm auch die äußere Form des reflektierenden Gegenstandes wahrnehmen. In der Seefahrt dienen Radargeräte meistens dazu, andere Schiffe sowie deren Kurs und Geschwindigkeit frühzeitig zu erkennen. Dies ist vor allem dann wichtig, wenn schlechte Sicht herrscht. Anders als in der Luftfahrt ist die Reichweite der Radaranlagen auf Schiffen begrenzt, weil Radarstrahlen nicht der Erdkrümmung folgen und anders als Kurzwellenfunksignale nicht an der Atmosphäre reflektiert werden. Die Reichweite hängt also sehr davon ab, wie hoch die Radarantenne montiert ist. Sehr hohe Schiffe wie Fähren sind dabei im Vorteil gegenüber den viel niedrigeren Sportbooten. Segler haben die Radarantenne oben auf dem Mast montiert. Auf Fährschiffen kann man über das Radar Hindernisse in bis zu 60 Seemeilen Entfernung wahrnehmen. Etwas in so großer Entfernung zu erkennen, ist aber gar nicht so wichtig, da es für die Kollisionsverhütung viel entscheidender ist, was sich im Bereich von wenigen Seemeilen rund um das eigene Schiff abspielt. Das Sinken der ESTONIA am 28. September 1994 um 1.53 Uhr nachts

Auf dem Radarbildschirm werden auch die GPS-Angaben wie Kurs, Geschwindigkeit über Grund sowie die aktuelle Position angezeigt.

wurde auf den Radarschirmen der zu Hilfe eilenden Schiffe beobachtet, freilich bevor diese am Unglücksort eintrafen.

Seit Einführung des AIS (siehe Kapitel 27) muss jedes Schiff, das länger als 20 Meter ist, permanent seine Identität, Kurs und Geschwindigkeit in einem digitalen Signal funken. Radar bleibt trotzdem immer wichtig, da es auch Schiffe ohne AIS gibt. Nicht zuletzt möchte sich kein Kapitän nur auf das verlassen, was andere von sich geben, sondern er möchte selbst „sehen", was sich um sein Schiff herum befindet. Ebenso könnten im Meer auch „ungeplante bewegliche Hindernisse" wie Eisberge (kommt auf der Ostsee nicht vor) oder über Bord gegangene Container treiben.

Kleine und niedrige Boote sind auf dem Radar nur schwer zu erkennen, zumal wenn sie aus Kunststoff hergestellt wurden. Deshalb ist auf kleinen Booten, die auch außerhalb des Küstenbereiches eingesetzt werden, oft ein Radarreflektor angebracht. Passive Radarreflektoren strahlen durch ihre Bauart und ihr Material die ankommenden Radarstrahlen besser als der übrige Schiffskörper zurück. Aktive Radarreflektoren senden

JRC

ihrerseits Radarimpulse aus, wenn sie von Radarstrahlen getroffen werden. Sofern ein kleines Schiff Illegales im Sinn hat, wie Fischfang in verbotenen Bereichen, Schmuggel oder gar einen Piratenangriff, wird dieses Boot natürlich weder einen Radarreflektor noch ein AIS in Betrieb haben. Manche Kriegsschiffe sind so konstruiert, dass sie kaum durch Radarstrahlen erkennbar sind. In Friedenszeiten spielt das keine Rolle, weil sich auch diese Kriegsschiffe durch AIS und Radarreflektoren bemerkbar machen – die sie im Ernstfall natürlich abschalten bzw. abmontieren würden.

Für die Navigation „nach Augenmaß" ist Nebel viel gefährlicher als Dunkelheit. Sofern bei Nacht gute Sichtverhältnisse herrschen, sind alle Wasserfahrzeuge durch ihre Beleuchtung gut zu erkennen. Nebel aber kann die Sichtweite so stark reduzieren, dass ohne Radar keine sichere Fahrt mehr möglich ist. Sportboote ohne Radar bleiben dann im Hafen, es sei denn, sie wurden auf Fahrt vom unsichtigen Wetter überrascht. Nach wie vor gibt es auf allen Schiffen ein „Nebelhorn" und andere Schallgeber wie Gong oder Glocke. Sportboote über 12 Meter Länge müssen mit baumustergeprüften Schallsignalgebern ausgerüstet sein. Kleinere Sportboote können auch Autohupen oder Fanfaren verwenden, die mittels einer kleinen Druckluftdose betrieben werden. Aus der Art der Schallsignale („lang", „lang, lang", „lang, kurz, kurz", „lang, kurz, lang, lang") ist zu erkennen, um welche Art von Wasserfahrzeug es sich handelt. Praktisch spielen diese Schallsignale keine große Rolle mehr. Das Schallsignal eines Sportbootes würde wahrscheinlich vom wachhabenden Offizier einer Fähre nicht gehört werden, da sich die Brücke bis zu 50 Meter über der Wasseroberfläche befindet und nach außen geschlossen ist.

Auf Schiffen wird ein sogenanntes Rundsichtradar eingesetzt. Auf dem Radarbildschirm auf der Brücke wird das eigene Schiff im Mittelpunkt des Monitors angezeigt. Diese Betriebsart wird „True Motion" genannt. Alle sich bewegenden Hindernisse werden mit einem „Schweif" dahinter angezeigt, sodass deren Kurs und Geschwindigkeit grafisch dargestellt wird. Alle unbeweglichen Hindernisse wie Brückenpfeiler, Felsen oder Hafenanlagen werden als „fest" angezeigt. So sehen die Offiziere auf der Brücke, was sich auf allen Seiten rund um ihr Schiff befindet und sie sehen auch, welche Veränderungen sich durch Kurs- oder Geschwindigkeitsänderungen sowohl des eigenen als auch fremder Schiffe ergeben.

Tatsächlich kamen auf hoher See in den letzten Jahren kaum noch Kollisionen vor. Vor Kollisionen im Hafen schützt auch kein Radar, denn da bestand ja schon längst Sichtkontakt. Radar hilft auch nicht bei Hindernissen unter der Wasseroberfläche. Diese können tückisch sein, weil sich deren Tiefe im Wasser durch die Gezeiten verändert. Davon geht aber normalerweise keine Gefahr aus, da Fähren wie alle großen Schiffe vorgegebenen Routen folgen. Nur wenn – wie bei der Havarie der COSTA CONCORDIA – ein Kapitän eigenmächtig diese Route verlässt und sich der Küste nähert, kann dies zu folgenschweren Unfällen führen.

‹ Radar wurde im Zweiten Weltkrieg entwickelt, um feindliche Schiffe oder Flugzeuge zu erspähen. Heute ist auch die zivile Seefahrt ohne Radar undenkbar.

24 Der Mann, der Bescheid weiß
Der Lotse

„Lotse" oder „Pilot" steht auf den orangefarbenen Schiffen, mit denen der Lotse vor der Einfahrt in den Hafen an Bord eines ankommenden Schiffes geht. Das Lotsenboot fährt mit gleicher Geschwindigkeit neben dem Schiff her, auf dem der Lotse gleich den Kapitän beraten wird. Ebenso wird ein Lotse von einem solchen Schiff abgeholt, nachdem das auslaufende Schiff die Hafenausfahrt passiert hat und Kurs aufs offene Meer nimmt.

Bei gutem Wetter ist das Umsteigen vom Lotsenboot auf ein großes Schiff kein Problem. Über die Lotsenleiter und die Lotsenpforte „entert" der Lotse ein Schiff, ohne dass dieses anhalten muss. Bei starkem Wind und meterhohen Wellen kann das aber durchaus schwierig werden. Im Extremfall seilt sich der Lotse auch über dem Schiff von einem Hubschrauber aus ab.

Der Lotse berät den Kapitän bei der Ein- und Ausfahrt in einen Hafen. Ebenso muss während der gesamten Fahrt durch den Nord-Ostsee-Kanal ein Lotse an Bord genommen werden. Den Lotsen an Bord zu nehmen, ist an allen Häfen Pflicht. Nur wenn zwei Offiziere auf dem Schiff selbst den Lotsenschein für das betreffende Revier besitzen, darf darauf verzichtet werden.

Auch im heutigen Lotsenwesen spielt Tradition eine große Rolle. So heißen die Berufsverbände der Lotsen „Lotsenbrüderschaften". Diese Vereinigungen haben die Rechtsform einer Körperschaft des öffentlichen Rechts, weil sie staatliche Aufgaben übernehmen. In Deutschland gibt es sieben Seelotsenbrüderschaften sowie in Bremerhaven und in Hamburg jeweils Hafenlotsenbrüderschaften. Diese Lotsenbrüderschaften hatten und haben auch die Funktion, ihre Mitglieder finanziell abzusichern. Die Lotsen arbeiten im Prinzip freiberuflich, aber die Honorare aus ihrer Tätigkeit gehen zunächst an die Lotsenbrüderschaft, die das Geld dann an alle Mitglieder verteilt. Auch die Krankenversicherung ist über die Brüderschaft organisiert. Das Einkommen entspricht ungefähr dem eines Kapitäns auf großer Fahrt.

Für den Dienst als Lotse wird eine hohe berufliche Qualifikation verlangt: So muss ein Lotse das höchste Kapitänspatent besitzen und in dieser Funktion mindestens zwei Jahre lang an Bord tätig gewesen sein. Erst dann kann sich ein Kapitän für eine Ausbildung als Lotse bewerben. Gemäß der Tradition der Lotsenbrüderschaften heißt das: „Er spricht beim Äldermann der Brüderschaft vor." Zwar muss der Lotsendienst auch an sieben Tagen pro Woche und zu jeder Tages- und Nachtzeit ausgeübt werden, aber die Lotsen sind nicht wochenlang von zu Hause weg, wie es für die meisten Seeleute normal ist. Der Dienst als Lotse kann somit eine attraktive Möglichkeit für Kapitäne sein, die aus familiären Gründen eine andere Tätigkeit suchen, aber weiterhin auf einem Schiff Dienst tun wollen.

Die Fähre befindet sich nun außerhalb des Uferbereichs, der Job des Lotsens ist erledigt und in Fahrt steigt er in sein „Taxi", das ihn zurück in den Hafen oder zum nächsten einfahrenden Schiff bringt.

Das Lotsenversetzboot TRAVEMÜNDE gehört zur Alupilot-17M-Klasse. Mit seinen zwei Motoren mit zusammen 1.000 PS kann das Boot bis zu 20 Knoten (37 km/h) schnell fahren.

TRAVEMÜNDE
LOTSE

25 Der Funkverkehr
Das Seefunksystem GMDSS

Seit 1999 ist das Global Maritime Distress and Safety System (GMDSS) in Betrieb. Nach jahrzehntelanger Aufbauarbeit ist damit ein beinahe weltweit einheitliches Seefunksystem geschaffen worden, das die Sicherheit auf See deutlich verbessert hat. Die wichtigste Aufgabe ist, dass alle Schiffe und Küstenfunkstellen auf verlässliche Weise miteinander kommunizieren können.

Eine wichtige Neuerung seit der Einführung des GMDSS ist, dass man zusätzlich zum Sprechfunk eine Art SMS verschicken kann. Jedes Schiff kann mittels eines einzigen Tastendrucks seinen Schiffsnamen, seine Maritime Mobile Service Identity (MMSI-Nummer, Rufnummer des mobilen Seefunkdienstes), seine Position und die Art des Notfalles aussenden. Im Notfall wäre diese Meldung an alle Schiff gerichtet: Jedes Schiff in der Funkreichweite würde diese Meldung empfangen. Die Angaben des Schiffes in Seenot werden dauerhaft auf den Displays der Funkanlagen aller empfangenden Schiffe angezeigt. Ebenso würde das empfangende Funkgerät ein unüberhörbares Alarmsignal auslösen, damit das empfangende Schiff diese Meldung sofort wahrnimmt. Solche Notfallmeldungen können über UKW, Kurz- und Grenzwelle und über Satellitenfunk verschickt werden. Das digitale Signal, das im GMDSS auf UKW-Kanal 70 gesendet wird, hat eine größere Reichweite als Sprechfunk auf UKW. Auch die Problematik der verschiedenen Sprachen entfällt bei einem solchen standardisierten, digitalen Notruf.

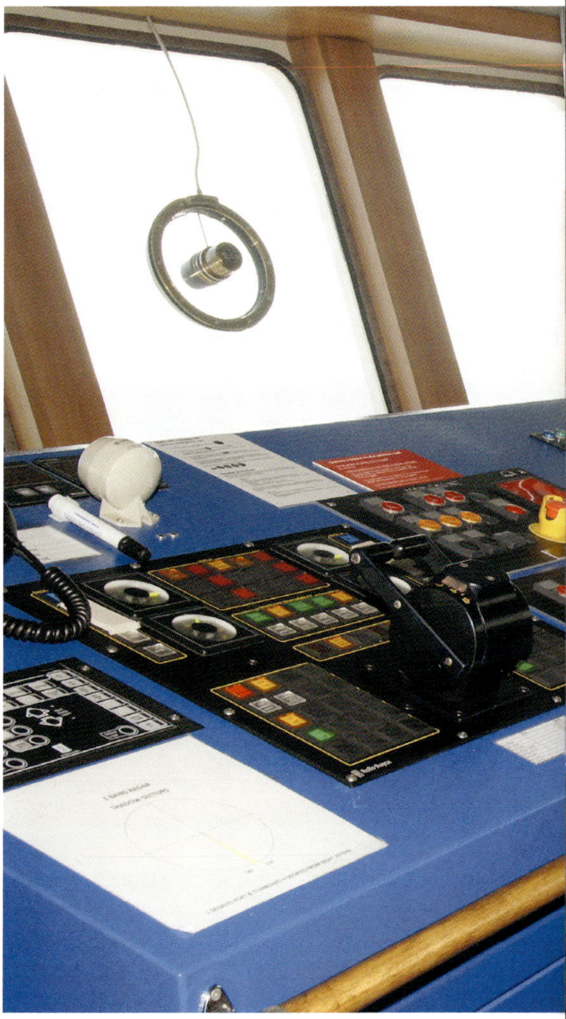

Früher kam es vor, dass Notrufe im Seefunk häufig nur unvollständig empfangen wurden, weil es Probleme mit den verschiedenen Landessprachen gab oder weil die Verständlichkeit über Funk schwierig war. Dazu kam, dass eine Notfallmeldung über Sprechfunk nicht gespeichert werden konnte. Saß niemand am Funkgerät, ging der Notruf ins Leere. Ebenso konnten die entsprechenden Frequenzen blockiert sein, weil andere Gespräche geführt und Signale von Schiffen in größerer Entfernung deshalb nicht gehört wurden. Bis heute gibt es am Funktisch eine spezielle analoge Uhr, in der die „Seenotpausen" markiert sind: In jeder Stunde darf von Minute 15 bis 18 und von Minute 45 bis 48 kein anderer Funkverkehr auf den Notrufkanälen geführt werden, damit Notrufe auf jeden Fall gehört werden. Praktisch spielt diese Regel seit der Einführung des GMDSS keine Rolle mehr.

Obwohl Notrufe auf GMDSS-tauglichen Funkgeräten digital gesendet und im Display aller empfangenden Funkgeräte dauerhaft angezeigt bleiben, wird auf fast allen Sportbooten und allen Schiffen

UKW-Funk ist die wichtigste Kommunikationsform auf See, sowohl für die Berufs- als auch für die Sportschifffahrt.

Senden und Empfangen nach oben: Die Inmarsat-Antennen senden und empfangen Signale der Inmarsat-Satelliten.

Im Sprechfunk gilt: „Erst hören, dann stören!" Die Uhr mit den eingezeichneten Seenotpausen gibt es immer noch an Bord. Im Notfall wäre aber Datenübertragung wichtiger als Sprechfunk, sodass diese Vorsichtsmaßnahme heute praktisch keine Rolle mehr spielt.

der Berufsschifffahrt der Anruf- und Notrufkanal auf UKW, der Kanal 16, permanent abgehört. Für die Kommunikation von Schiff zu Schiff oder Schiff zu Hafen ist der UKW-Sprechfunk nach wie vor das wichtigste Kommunikationsmittel. Der große Vorteil der Hörwache auf UKW-Kanal 16 ist, dass ein Schiff jedes andere Schiff sofort ansprechen kann. Dies gilt auch dann, wenn ein Sportboot nicht funkausrüstungspflichtig ist und deshalb evtl. nicht über die volle Funkausrüstung des GMDSS, sondern nur über Sprechfunk verfügt. Auch ein kleines Boot, auf dem der Skipper sogar nur ein UKW-Handsprechfunkgerät mit sich führt, kann damit ein Schiff in Sichtweite sofort kontaktieren.

26 Die Entwicklung des Seefunks
Funkoffiziere gibt es nicht mehr

Ein Meilenstein, wenn auch in trauriger Hinsicht, für die Entwicklung des Seefunks war der Untergang der TITANIC im Jahr 1912. Etwa seit 1900 wurden große Schiffe zunehmend mit Guglielmo Marconis Erfindung, der drahtlosen Telegrafie, ausgestattet. Sprechfunk war damals noch nicht möglich und Datenübertragung erst recht nicht.

Was aber möglich war und eifrig genutzt wurde, waren kurze Textmeldungen, die man an Bord schriftlich abgab und die dann vom Schiffsfunker per Morsezeichen weitergegeben wurden. Seefunktelegramme zu verschicken – die von einer Küstenfunkstelle empfangen, an Land von der Post weitergeleitet und dem Empfänger durch Boten überbracht wurden –, galt damals als Zeichen dafür, dass man sehr wichtig war.

Nicht so sehr im Blick hatte man anfangs, dass der Seefunk vor allem in Notsituationen auf See überlebenswichtig war. Das änderte sich aus traurigem Anlass. Bei der Kollision der TITANIC mit dem Eisberg war ein anderes Schiff in Sichtweite, wahrscheinlich die CALIFORNIA. Die reagierte aber auf die Notsignale der TITANIC nicht, weil deren Funkstation nach Mitternacht nicht besetzt war. Deshalb erfuhr man auf diesem Schiff nicht, welche Tragödie sich in der Nähe abspielte. Empfangen wurden die Notsignale der TITANIC auf der CARPATHIA. Die war weiter entfernt, fuhr aber sofort zu der Position, die die TITANIC gemeldet hatte, und konnte noch Überlebende aus den Rettungsbooten aufnehmen. Als Konsequenz aus dieser Katastrophe wurde die Hörwache vorgeschrieben, und es wurde eine einheitliche Frequenz für

Notrufe festgelegt. Diese Frequenz musste auf allen Schiffen empfangen werden können. Einzige Kommunikationsform waren damals Morsesignale. Der Morsecode „SOS“ – dreimal kurz, dreimal lang, dreimal kurz – wurde gewählt, weil diese Zeichenfolge sehr einprägsam ist. Erst hinterher bekam er die Bedeutung „Save our souls“ oder „Save our ship“.

Später kam zur Morsetelegrafie auch Sprechfunk auf Kurz- und Grenzwelle hinzu. Es blieb aber noch dabei, dass die Meldungen, egal ob Morsezeichen oder Sprache, nicht gespeichert werden konnten. Nicht nur Notrufe, auch Routinenachrichten mussten beim Empfang sofort abgetippt werden. Dafür wurde häufig eine feste Uhrzeit vereinbart, sodass der Funker wusste, wann eine ihn betreffende Meldung eingehen wird. Der Funkoffizier war nicht nur ein Elektronikspezialist, weil er auch Funkgeräte reparieren musste, sondern musste außerdem auch ein guter Sekretär sein,

Im Museum der ehemaligen Küstenfunkstelle Norddeich Radio in der Stadt Norden.

da er Meldungen über Morsezeichen im Kopfhörer empfangen und gleichzeitig mit der Schreibmaschine tippen musste. Die wichtigste deutsche Küstenfunkstelle war Norddeich Radio. Norddeich Radio war im Bereich der deutschen Nordsee die „Schnittstelle“ zwischen See und Land.

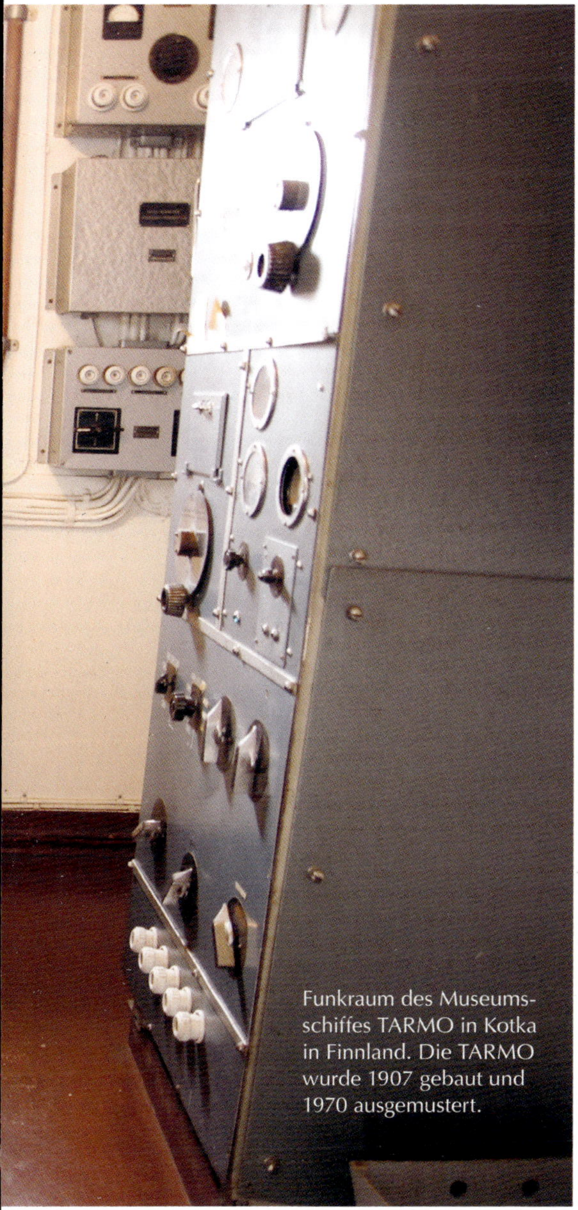

Funkraum des Museumsschiffes TARMO in Kotka in Finnland. Die TARMO wurde 1907 gebaut und 1970 ausgemustert.

Seit den 1980er-Jahren hat sich vor allem durch die Einführung des Satellitenfunks sehr viel verändert. Nun war auch Datenübertragung auf See möglich. An Bord konnten Faxgeräte benutzt werden, später kam die Kommunikation per E-Mail hinzu. Das führte auch dazu, dass eine direkte Kommunikation zwischen Stationen auf dem Land und den Seeschiffen möglich wurde. Norddeich Radio stellte seinen Betrieb deshalb 1999 ein. Seit 1999 ist es nicht mehr möglich, Notrufe über Funktelegrafie, d.h. per Morsezeichen abzusetzen, da der frühere Notrufkanal 500 kHz (Mittelwelle) nicht mehr abgehört wird. Insgesamt gibt es auf der Nord- und Ostsee keine Kommunikation per Morsezeichen mehr. Funkanlagen für Kurz- und Grenzwelle sind nach wie vor auf großen Schiffen vorhanden, werden aber kaum noch gebraucht. Es gibt auch keinen Funkoffizier mehr, denn der heutige Seefunk kann von den nautischen Offizieren nebenher erledigt werden.

Am Satellitenfunk können auch die Passagiere teilhaben, wenn sie sich in das bordeigene WLAN-Netz einbuchen. Die Internetverbindungen gehen auch über die Inmarsat-Satelliten. Dementsprechend teuer ist Wlan an Bord. Üblich sind sieben Euro pro Stunde. Es soll schon vorgekommen sein, dass Smartphones sich ohne Wissen des Benutzers ins Wlan eines Schiffes einloggten und so enorme Kosten verursachten. Telefonate von hoher See gehen ebenfalls über Satellit und können zwei Euro oder noch mehr pro Minute kosten. Die Internetverbindungen über Satellit sind deutlich langsamer, als man es von zu Hause gewohnt ist. Für das Versenden einer E-Mail mit reinem Text ist das kein Problem. Das Verschicken von Fotos aber kann schwierig werden und das Streamen von Videos ist praktisch unmöglich.

27 Die Visitenkarte kommt per Funk
Das Automatic Identification System

Das Automatic Identification System, kurz AIS, ist ein Teil des Seefunks. Mit diesem System senden alle funkausrüstungspflichtigen Schiffe über UKW-Funkwellen permanent eigene Angaben wie Schiffsname, Position, Kurs und Geschwindigkeit. Angezeigt werden diese Informationen im empfangenden Schiff auf der digitalen Karte oder dem Radarbildschirm.

Auf der Brücke des empfangenden Schiffes weiß man also schon recht viel über ein Schiff im Umkreis, noch bevor dieses optisch zu erkennen ist. In der Binnenschifffahrt hat das AIS noch eine weitere Funktion: Man „sieht" damit, welches Schiff gleich hinter der Biegung eines Flusses zum Vorschein kommen wird. An Binnenwasserstraßen wurden in engen Kehren, in denen sich ein Funkschatten ergeben würde, deshalb eigene Transceiver für die AIS-Signale installiert. Im Seefunk ist die Reichweite von AIS-Signalen von der Antennenhöhe und von der Ausbreitungsart der UKW-Funkwellen abhängig. Denn diese folgen nicht der Erdkrümmung und werden auch nicht an der Atmosphäre widergespiegelt, sondern breiten sich „quasioptisch" aus. Wie beim UKW-Sprechfunk werden die AIS-Signale von Schiff zu Schiff etwa auf einer Distanz von 20 Seemeilen (37 Kilometer) empfangen. Küstenfunkstellen mit ihren höher angebrachten Antennen können auch Signale aus bis zu 100 Kilometern wahrnehmen. Jedes Land erkennt also, welches Schiff mit welcher Ladung an seiner Küste entlangfährt oder einen Hafen ansteuert. Das AIS dient auch zur Verkehrslenkung und Kontrolle des Schiffsverkehres durch die Küstenländer.

Im AIS werden die festen Daten des Schiffes gesendet, also der Schiffsname, die MMSI-Nummer (siehe Kapitel 25) und die Länge des Schiffes. Dazu kommen die veränderlichen Reisedaten wie der Zielhafen, die voraussichtliche Ankunftszeit, der aktuelle Tiefgang und die Art der Ladung. Im AIS kann sogar angezeigt werden, wie viele Passagiere (jedenfalls nach Kenntnisstand der Schiffsführung, siehe Seite 66) an Bord sind. Diese Zahl wird aber nicht immer gesendet, weil sie auch Rückschlüsse auf die wirtschaftliche Situation der Fährlinie zulässt. Bei einem Notfall würde der Kapitän diese Funktion aber auf jeden Fall aktivieren, weil die Anzahl der Passagiere eine wichtige Information für die Rettungsmannschaften darstellt. Das Wichtigste sind neben dem Schiffsnamen und der Identifizierungsnummer die dynamischen Daten, d.h. die aktuelle Position des Schiffes, sein Kurs und seine Geschwindigkeit.

Der größte Unterschied zwischen Radar und AIS ist: Im AIS sendet jedes funkausrüstungspflichtige Schiff diese Daten selbst. Kleine Sportboote sind in der Regel aber nicht mit AIS ausgestattet. Im Radar dagegen werden andere Schiffe sogar gegen deren Willen, erfasst und man kann sich – etwas ungenauer – deren Position, Kurs und Geschwin-

Dies ist die AIS-Anzeige im empfangenden Schiff. Auf dem Display wird angezeigt, dass das Schiff am Horizont die OOCL RAUMA, Typ Frachtschiff, ist. Die Distanz (Range, RNG) beträgt 23,2 Meilen, der Ort der dichtesten Annäherung (Closest Point of Approach, CPA) wird 17,8 Seemeilen betragen, der Kurs über Grund (Course over Ground, COG) 35 Grad, die Geschwindigkeit über Grund (Speed over Ground, SOG) 15,9 Knoten etc.

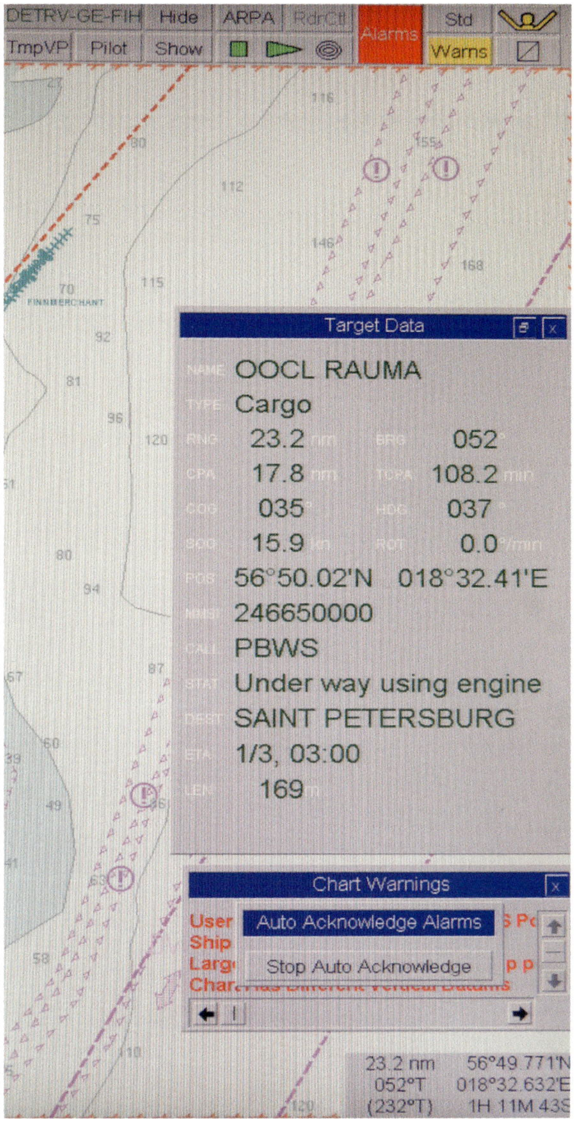

digkeit anzeigen lassen. Der Schiffsname aber und beispielsweise was es geladen hat, kann durch Radarstrahlen nicht erkannt werden. Radarstrahlen erkennen aber Hindernisse über der Wasseroberfläche wie Wracks oder treibende Container.

Die Signale des AIS können legal von jedem aufgenommen werden, der ein entsprechendes Empfangsgerät hat. Die Firmen „Vesseltracker" und „Marinetraffic" nutzen diese Möglichkeit und haben in etwa 2.000 Häfen und deren Umgebung Empfangsstationen aufgebaut. Die so gewonnenen Informationen sind im Internet frei verfügbar: https://schiffsradar24.de. Der Name der Website ist im Prinzip falsch, denn ausgewertet werden nicht Radarsignale, sondern die AIS-Daten, ebenso auf www.vesselfinder.com. Wer im Hafen auf seine Fähre wartet, kann einfach auf dem Smartphone nachschauen, wie weit diese Fähre noch vom Hafen entfernt ist.

28 In Bremerhaven hört man immer mit **Notrufe über UKW-Funk**

Notrufe auf See können über UKW-Funk, Grenz- oder Kurzwelle, Satellitenfunk oder in Küstennähe auch per Handy abgesetzt werden. Werden Seenotsignalmittel eingesetzt, z.B. rote Leuchtraketen oder oranger Rauch, müssen alle, die diese Signale wahrnehmen, ihre Beobachtung an das MRCC Bremen (Maritim Rescue Coordination Centre, Funkrufname „Bremen Rescue") weitergeben. Dies geschieht in der Regel auf UKW-Kanal 16 oder einfach mittels Handy-Telefonat an 124 124.

Sportboote, die nur im Küstenbereich (Seegebiet A 1) unterwegs sind, sind in der Regel nur mit UKW-Funk ausgestattet. UKW-Funk hat eine begrenzte Reichweite, was für den praktischen Gebrauch auch von Vorteil ist: So können mit eini-

gem Abstand mehrere Funkgespräche auf demselben Kanal geführt werden, ohne dass sich die Seefunkstellen (so die offizielle Bezeichnung für eine Funkanlage an Bord eines Seeschiffes) gegenseitig stören.

Seit der Einführung des GMDSS (siehe Kapitel 25) können entsprechend ausgerüstete Schiffe (und dazu gehören alle funkausrüstungspflichtigen Schiffe, d.h. auch alle Fähren) mittels eines einzigen Tastendrucks ihre Identität, ihre Position und die Art des Notfalls an die Seenotrettungszentrale und an alle anderen Schiffe in der Umgebung schicken. Auch falls der Sprechfunk auf UKW-Kanal 16 nicht permanent abgehört würde: Ein solches digitales Notsignal (auf UKW-Kanal 70, auf Grenzwelle auf 2187,5 kHz) löst auf allen empfangenden Schiffen einen unüberhörbaren Signalton aus und jeder Kapitän, egal ob Sportbootfahrer oder in der Berufsschifffahrt, weiß, dass nach diesem Signalton des Funkgerätes eine extrem wichtige Meldung angezeigt wird. Danach kann, muss aber nicht, die Notfallmeldung „by phone“, also per Sprechfunk, wiederholt werden.

Für Laien ist es erstaunlich, dass Notrufe auf UKW, egal ob Sprechfunk oder digitale Signale, trotz der begrenzten Reichweite der UKW-Funkwellen aus allen deutschen Seegebieten in Bremerhaven empfangen und beantwortet werden. An vielen Punkten an Land, u.a. an Hafenanlagen und auf Leuchttürmen, sind UKW-Antennen angebracht, von denen der Kanal 16 empfangen, über Kabel an die Seenotrettungszentrale in Bremerhaven weitergeleitet und dort abgehört wird. Der Kanal 16 ist der Anruf- und Notrufkanal. Wird auf UKW-Kanal 16 der Begriff „Mayday“ oder „Bremen Rescue“ genannt, schaltet sich die Seenotrettungszentrale sofort ins Gespräch ein. Ertönt das Wort „Mayday“, gilt für alle anderen die „Silence Mayday“, d.h., auf Kanal 16 dürfen keine anderen Gespräche mehr geführt werden. Auch sonst gilt, dass im Sprechfunk auf See nur nautische Informationen weitergegeben werden sollen. Im Binnenfunk, also im Funkverkehr zwischen Schiffen auf Flüssen, gibt es hingegen eine Ausnahme: Auf Kanal 77 können Nachrichten sozialer Art ausgetauscht werden. Mithören kann dabei natürlich jeder, der diesen Kanal eingestellt hat.

Auch in deutschen Seegebieten soll im Seefunk die englische Sprache verwendet werden. Gerade in Notfällen ist es wichtig, dass jeder die Funkmeldungen verstehen kann. Im Notfall sind Funkmeldungen auch besser als Handytelefonate, weil es ja sinnvoll ist, dass andere Schiffe mithören. Noch besser ist es, wenn die Notfallmeldung bei allen Schiffen in der Funkreichweite als Text auf dem Display angezeigt wird und damit praktisch keine Fremdsprachenkenntnisse mehr nötig sind.

◂ Auch ohne digitales Signal kann man in der Kommunikation über UKW Dringlichkeitsstufen voranstellen: Kein Kennwort bedeutet Routine, „Sécurité“ eine Sicherheitswarnung und „Pan Pan“ ein Notfall minderer Art. „Mayday“ ist die höchste Dringlichkeitsstufe und jeglicher anderer Funkverkehr ist dann auf Kanal 16 verboten. Fast alle Seefunkgespräche gehören zur Kategorie „Routine“.

29 Die Seenotretter
DGzRS

Die Deutsche Gesellschaft zur Rettung Schiffbrüchiger (DGzRS) ist eine nichtstaatliche Organisation, die für den Such- und Rettungsdienst in den deutschen Seegebieten – und häufig auch darüber hinaus – zuständig ist. Dafür sind derzeit 59 Rettungsschiffe an 55 Stationen einsatzbereit. Zudem betreibt die DGzRS die deutsche Seenotrettungszentrale in Bremerhaven. Hier werden Notrufe empfangen und Rettungseinsätze koordiniert.

Die wichtigsten Schiffe der DGzRS sind die 20 Seenotrettungskreuzer, die mit hauptberuflichen Mitarbeitern ständig besetzt sind und rund um die Uhr auslaufen können. In gewisser Weise kann man diesen Dienst mit einer Berufsfeuerwehr vergleichen. Wie bei den Freiwilligen Feuerwehren sind die Besatzungen weiterer Rettungsschiffe ehrenamtlich im Einsatz und kommen so schnell wie möglich zu ihrem Schiff, wenn sie alarmiert werden.

Seenotrettungskreuzer zeichnen sich dadurch aus, dass sie auch bei starkem Sturm mit hohen Geschwindigkeiten fahren können. Fast alle Schiffe müssen bei schwerer See ihre Geschwindigkeit reduzieren und ändern häufig auch ihren Kurs, damit starker Wind sie von der fahrtechnisch besten Seite (in der Regel schräg von vorn) trifft. Seenotrettungskreuzer müssen auf dem schnellsten Weg zum Unfallort fahren und können daher ihren Kurs nicht entsprechend der Windrichtung verändern.

Die Einsätze sind vielfältig: Manchmal müssen Wattwanderer gerettet werden, die von der auflaufenden Flut überrascht wurden. Deshalb führen viele Seenotrettungskreuzer auf dem Achterdeck ein Tochterboot mit, das auch im flachen Wasser eingesetzt werden kann. Es kam auch schon vor, dass bei einer schwan-

Das Seenotrettungsboot HANS INGERWSEN ist in Travemünde stationiert. Die größeren Rettungsschiffe heißen Seenotrettungskreuzer.

geren Frau auf einer Hallig die Wehen früher als erwartet einsetzten und die Seenotretter die Frau zur Geburt in ein Krankenhaus auf dem Festland fuhren – oder dies wenigstens versuchten. Es kamen nämlich auch schon Kinder während einer solchen Fahrt an Bord eines Rettungskreuzers zur Welt. Größere Seenotrettungskreuzer haben einen gut ausgestatteten Sanitätsraum an Bord. Ein anderes Einsatzszenario könnte ein brennendes Schiff sein, weshalb auf den Rettungskreuzern auch Wasserkanonen angebracht sind. Die Rettung Überlebender nach einem Schiffsuntergang ist die „Kernkompetenz" der Seenotretter.

Die Seenotrettungszentrale in Bremerhaven wird nach einem Notruf zusätzlich zum „Go!" an ihre Seenotrettungskreuzer auch die Schiffe kontaktieren, die nahe bei dem Havaristen unterwegs sind. Durch das AIS (siehe Kapitel 27) sieht die Seenotrettungszentrale sofort, welche Schiffe in der Nähe sind. Ebenso wird ein Notruf über Seefunk von allen Schiffen empfangen, die sich in Funkreichweite befinden. Sofern sie dazu in der Lage sind, werden andere Kapitäne auch ohne Aufforderung aus Bremerhaven Kurs auf den Havaristen nehmen.

30 Versorgung durch Kapitän oder Offizier
Erste Hilfe an Bord

Ein Arzt ist auf Fähren nicht an Bord, aber Schiffsoffiziere absolvieren im Rahmen ihrer Ausbildung oder ihres Studiums die drei Module „Grundlegende Erste Hilfe“, „Medizinische Erste Hilfe“ und „Medizinische Betreuung“. Alle fünf Jahre müssen sie diese Kurse auffrischen. In den Lehrgängen lernen sie wesentlich mehr als das übliche Pensum in Erste-Hilfe-Kursen, auch intravenös spritzen, Lokalanästhesie und das Nähen von Wunden gehört dazu. Dies geht bereits über das hinaus, was Rettungssanitäter lernen, denn an Land kann man wenn nötig einen Notarzt anfordern.

Aufgrund ihrer speziellen Schulung dürfen die Schiffsoffiziere im Notfall auch Medikamente verabreichen. Auf Land ist dies auch in Notfällen in aller Regel nur Ärzten erlaubt.

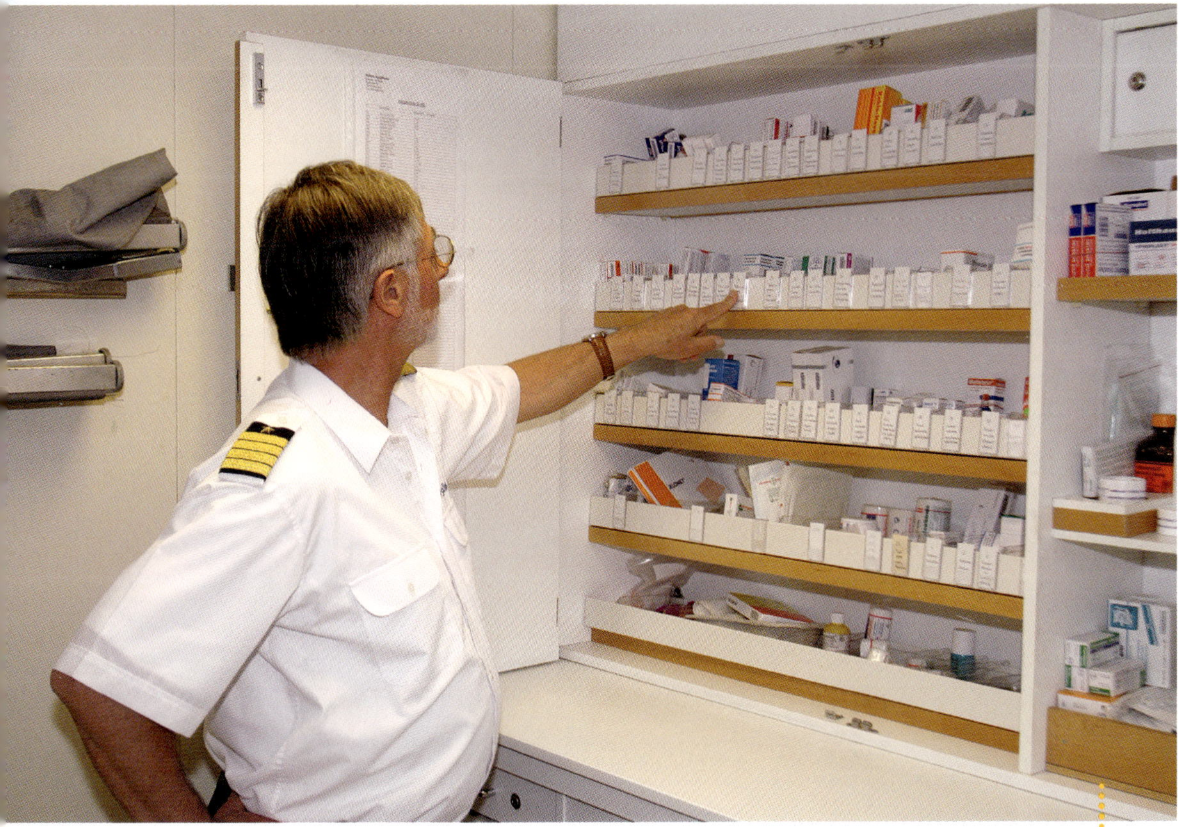

Für die Apotheke an Bord gibt es eine vorgeschriebene Liste. So weiß auch der „Funkarzt", welche Medikamente vorhanden sind.

Fähren verfügen über einen gut ausgestatteten Sanitätsraum, in dem ungefähr die gleiche Ausrüstung vorhanden ist wie in einem Rettungswagen, und die Offiziere haben gelernt, damit umzugehen. Zusätzlich zu ihrem in den Kursen erlernten Wissen können Schiffsoffiziere auf die „funkärztliche Beratung" zurückgreifen. Das Helios-Krankenhaus Cuxhaven übernimmt es im Auftrag der Bundesregierung, die deutschsprachigen Besatzungen im Notfall auf See zu beraten. Offiziell heißt dieser Dienst „Telemedical Maritime Assistance Service", der Funkrufname ist „Cuxhaven Medico". Offiziere können sich mit dem „Funkarzt" besprechen, wie bei der weiteren Behandlung des Patienten vorzugehen ist. Der „Funkarzt" – es sind etwa 15 speziell geschulte Ärzte, die neben ihrer normalen Arbeit im Krankenhaus dazu eingeteilt sind, denn der „Funkarzt" muss ja rund um die Uhr erreichbar sein – wiederum weiß, wie die medizinischen Möglichkeiten an Bord eines Schiffes aussehen, welche Medikamente vorhanden sind und welchen Ausbildungsstand die Offiziere haben. Vor allem haben die Funkärzte große Erfahrung in dieser Art der telefonischen Unterstützung und wissen genau, was sie zu fragen haben. Eine solche funkärztliche Beratung bieten auch andere Küstenländer an, sodass jedes Crewmitglied ein solches Gespräch in seiner Landessprache führen kann.

Etwa 900 Mal pro Jahr wird dieser Dienst in Anspruch genommen. Bei äußeren Verletzungen schicken die

Trotz aller Kompetenz und aller Ausrüstung: In echten Notfällen würde im Sanitätsraum an Bord nur die Erstversorgung stattfinden, dann würde der Patient per Hubschrauber in ein Krankenhaus gebracht werden.

Schiffsoffiziere häufig auch Fotos nach Cuxhaven, was über Satellitenfunk nicht schwieriger ist als an Land. Von Fähren wird die funkärztliche Beratung nur selten in Anspruch genommen, denn entweder können die Offiziere aufgrund ihrer Lehrgänge die notwendige Behandlung eines Patienten selbst durchführen oder sie lassen einen Hubschrauber kommen. Wenn sich ein Frachtschiff in

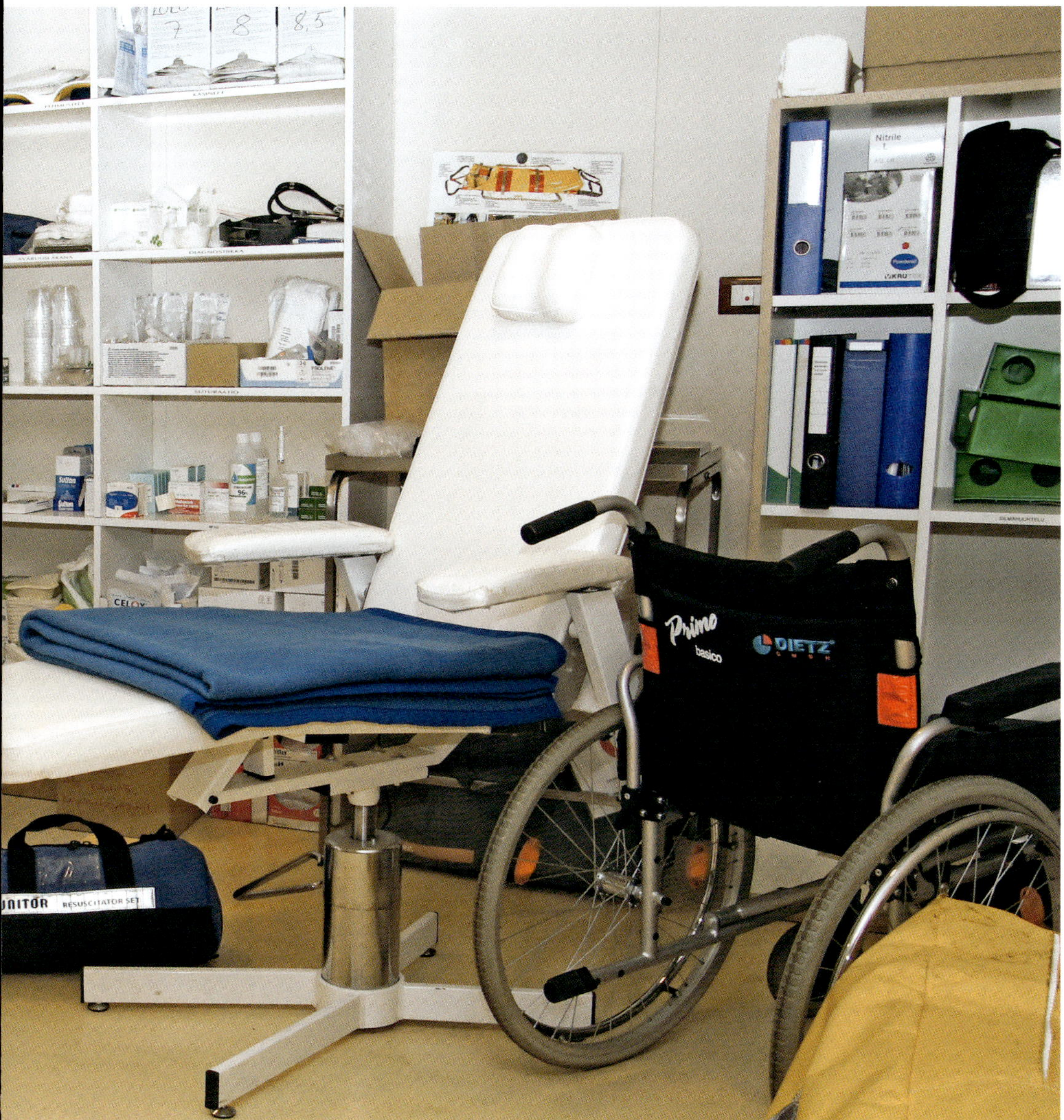

der Mitte des Atlantiks befindet, wäre das nicht so einfach. Wenn dagegen auf einer Ostseefähre ein Notfall eintritt, bei dem man an Land einen Krankenwagen rufen würde, fordert die Fähre einen Hubschrauber an, um den Patienten ins nächste Krankenhaus zu fliegen. Bis dahin wird der Patient in der Sanitätsstation der Fähre versorgt.

31 Eine Fähre als Kreißsaal
Geburten an Bord

Am 4. Dezember 2017 hatte die COLOR FANTASY plötzlich einen Passagier mehr an Bord als bei der Abfahrt. In Kiel war Karl noch ein „blinder Passagier“ im Mutterleib gewesen, bis er während der Überfahrt im Sanitätsraum der Fähre das Licht der Welt erblickte. Zur Crew der COLOR FANTASY gehörte eine Intensivpflegerin, die diese medizinische Herausforderung gut bewältigte. Der erste Offizier, der auch in den Sanitätsraum eilte, habe dann die Nabelschnur durchtrennt. Mutter und Kind waren wohlauf, nur dem Kapitän war offensichtlich nicht ganz wohl dabei: Zur Sicherheit ließ er einen Hubschrauber kommen, der Mutter und Kind in ein Krankenhaus in Kopenhagen flog.

Es war nicht das erste Mal, dass an Bord einer Fähre der Color Line ein Baby geboren wurde. Auf der Fähre PRINSESSE RAGNHILD kam 1967 ebenfalls während einer Überfahrt von Kiel nach Oslo ein Kind zur Welt. Gänzlich schlechte Erinnerungen an die Geburt hatten die Eltern anscheinend nicht: Als zweiten Namen für ihre auf See geborene Tochter wählten sie den Namen des Schiffes Ragnhild.

Bei einer Geburt auf See stellt sich auch die Frage, welcher Geburtsort in der Geburtsurkunde vermerkt wird. Im deutschen Personenstandsgesetz ist geregelt, was in dem Fall auf einem Schiff, das unter deutscher Flagge fährt, zu tun ist: Die Geburtsurkunde wird in diesen Fällen vom Standesamt I in Berlin ausgestellt, dementsprechend wird als Geburtsort Berlin eingetragen, egal in welchem Seegebiet die Geburt stattfand.

§ 37 Geburten und Sterbefälle auf Seeschiffen

(1) Die Geburt oder der Tod eines Menschen während der Reise auf einem Seeschiff, das die Bundesflagge führt, wird von dem Standesamt I in Berlin beurkundet. Dies gilt auch, wenn sich der Sterbefall während der Seereise außerhalb des Seeschiffes, jedoch nicht an Land oder in einem Hafen im Inland, ereignet hat und der Verstorbene von einem Seeschiff, das die Bundesflagge führt, aufgenommen wurde.

Für Fähren auf der Ostsee spielt dieses Gesetz keine Rolle, weil keine dieser Fähren unter deutscher Flagge fährt. Eine Geburt auf einem Schiff, das die Bundesflagge führt, kam allerdings im August 2015 im Mittelmeer vor: Auf der deutschen Fregatte SCHLESWIG-HOLSTEIN brachte eine Frau aus Somalia ein Kind zur Welt. Die hochschwangere Frau war zuvor aus einem Flüchtlingsboot gerettet worden. Immerhin: Bei Marineschiffen sind immer Ärzte und Sanitäter dabei. Geburtshilfe gehört zwar nicht zu den typischen Aufgaben der Sanitätssoldaten, aber ausgebildet sind sie darin auch.

Sterbefälle an Bord sind übrigens wesentlich häufiger als Geburten, allerdings nicht auf Fähren, sondern auf

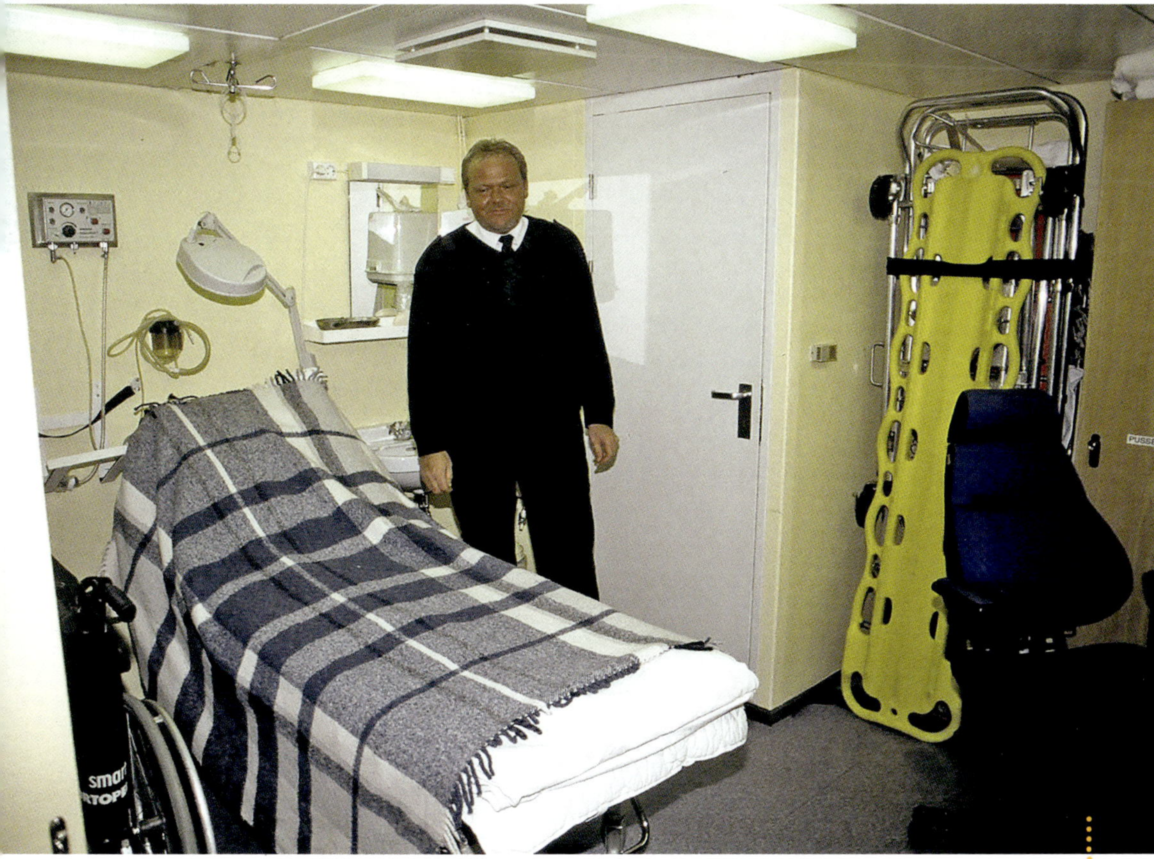

Der Sanitätsraum der ehemaligen Fähre PRINSESSE RAGNHILD wurde zwar nicht als Kreißsaal gebaut, dennoch kam hier schon ein Kind zur Welt.

Kreuzfahrtschiffen, denn dort ist das Durchschnittsalter der Passagiere sehr hoch. Klimatische Wechsel vertragen die betagten Passagiere häufig nicht gut. Die Kreuzfahrtgesellschaften versuchen, dieses Thema buchstäblich totzuschweigen. Bekannt ist allerdings, dass auf Kreuzfahrtschiffen immer Särge mit an Bord sind. Vom Wiener Künstler Friedensreich Hundertwasser, mit bürgerlichem Namen Friedrich Stowasser, weiß man, dass er im Jahr 2000 an Bord der QUEEN ELIZABETH II starb.

Im Januar 2016 kam ein kleiner Junge auf der QUEEN MARY II zur Welt. Erstaunlich ist allerdings, dass die schwangere Frau überhaupt an Bord durfte. Normalerweise lassen die Reedereien von Kreuzfahrtschiffen keine Frau im letzten Drittel ihrer Schwangerschaft mitfahren, um solche Fälle zu vermeiden. Fährgesellschaften hingegen fragen nicht nach einer möglichen Schwangerschaft. Die QUEEN MARY II befand sich zum Zeitpunkt der Geburt bereits in amerikanischen Hoheitsgewässern, deshalb erhielt das Neugeborene die amerikanische Staatsangehörigkeit. Nur in wenigen Ländern gilt dieses Geburtsortsprinzip: Jedes Kind, das auf dem Territorium der USA geboren wird, erhält die amerikanische Staatsbürgerschaft. Nach deutschem Recht bestimmt die Nationalität der Eltern die Staatsangehörigkeit eines Kindes. Es gilt also das sogenannte Abstammungsprinzip.

32 Das Wichtigste ist, aufmerksam zu sein
Sicherheit an Bord

Wenn man die Zahl der Passagiere und die zurückgelegten Kilometer einerseits mit der Zahl der Unglücksfälle andererseits vergleicht, sind Fährüberfahrten wesentlich ungefährlicher als Autofahrten. Trotzdem sollte man als Passagier ein gewisses Sicherheitsbewusstsein entwickeln. An der Innenseite der Kabinentür ist meistens ein Plakat angebracht, das die Vorgehensweise bei Notfällen an Bord erklärt.

Das wichtigste Signal, das jeder Passagier kennen muss, ist das Schallsignal aus sieben kurzen und einem langen Ton. Danach folgt eine Durchsage über die Art des Notfalls, wobei sich auf einem Schiff in der Regel Menschen aus vielen Ländern befinden und die Durchsage nicht in allen Landessprachen möglich sein wird. Bei oben genanntem Schallsignal müssen sich die Passagiere an die „Muster Stations" begeben. Befindet man sich in der Kabine, nimmt man warme Kleidung mit, aber kein Gepäck. Befindet man sich außerhalb der Kabine, geht man nicht zurück – auch nicht, um Wertsachen zu holen –, sondern direkt zu den „Muster Stations".

Mit diesen Telefonen kann jeder Passagier im Notfall sofort die Brücke kontaktieren.

Grundsätzlich gilt, dass der Weg in Richtung Rettung auf einer Fähre fast immer nach oben geht. Die Bootsdecks befinden sich im oberen Drittel des Schiffes. Diesen Weg nach oben muss man sich einprägen, denn in einem brennenden Haus rennt man nach unten, in einem Schiff aber nach oben. Ebenso muss man wissen, ob man von seiner Kabine aus nach rechts oder nach links schneller zu einem der Treppenhäuser gelangt. Gerade im Falle eines Brandes muss man die Kabine und die engen Flure so schnell wie möglich verlassen. Auf einigen Fähren gibt es günstige Innenkabinen, die nicht nur innen, sondern auch unten liegen – unterhalb des Autodecks. Sicherheitstechnisch ist das natürlich weniger empfehlenswert.

Nicht zur Deko: Sicherheitshinweise an der Innenseite jeder Kabinentür.

Bei sehr ungewöhnlichen Vorgängen, z.B. wenn das Schiff dauerhaft Schlagseite bekommt, bei heftigen ungewöhnlichen Geräuschen, Rauchentwicklung, wenn die Maschine abgestellt wird oder der Strom ausfällt, sollte man von sich aus warme Kleidung anziehen und die Kabine in Richtung der „Muster Stations“ verlassen. Eigentlich kann man sich darauf verlassen, dass die Passagiere durch Schallsignale und Lautsprecherdurchsagen über einen Notfall informiert werden. Bei der ESTONIA aber wurde dieser Alarm erst gegeben, als das Schiff schon am Sinken war. Auch beim Untergang der JAN HEWELIUSZ war es wohl so, dass die Passagiere nicht oder erst viel zu spät über die Notlage informiert wurden. Von den 63 Menschen an Bord der polnischen Eisenbahnfähre überlebten nur acht – allesamt Besatzungsmitglieder.

Bei Brandgeruch muss man unverzüglich die Besatzung informieren. Brandgeruch wird von den Rauchmeldern und den Sprinkleranlagen nicht erkannt, sondern erst Rauchentwicklung oder Hitze. Tagsüber und abends findet man immer jemanden von der Besatzung z.B. an der Rezeption, in einem Restaurant, einer Bar oder einem Shop. Überall dort gibt es bordinterne Telefone, von denen aus die Brücke kontaktiert werden kann. Nachts, wenn alle diese Einrichtungen geschlossen sind, wird es deutlich schwieriger, ein Crewmitglied zu finden. Meistens steht auf dem Tresen der Rezeption ein schiffsinternes Telefon, das von den Passagieren benutzt werden kann. In einigen Fähren sind lobenswerterweise auch an weiteren Stellen wie in den Treppenaufgängen solche Telefone angebracht. Darüber sollte man sich zu Beginn der Seereise informieren. Auch für den unwahrscheinlichen Fall, dass man einen Passagier über Bord fallen sieht, muss man wissen, wie man sofort die Besatzung kontaktieren kann.

33 Traurige Realität
Mann über Bord

„Mann über Bord" kommt tatsächlich vor, genauer gesagt mehrmals pro Jahr. Meistens sind es aber Kreuzfahrtschiffe und nicht Fähren, auf denen sich solche Fälle ereignen. Anders als bei kleinen Jachten handelt es sich auf großen Schiffen selten um wirkliche Unfälle. Häufiger sind die Ursachen Trunkenheit oder Selbstmord. Möglicherweise auch Mord, wobei darüber weit mehr Spekulationen herumschwirren, als Fakten bekannt sind.

Rudolph Diesel, der Erfinder des Dieselmotors, bestieg am 29. September 1913 den Postdampfer DRESDEN, um von Antwerpen nach Harwich zu fahren. Dort kam er nie an. Elf Tage später wurde seine Leiche aus dem Ärmelkanal geborgen. Niemand weiß, warum er über Bord ging. In seinem Verhalten wies nichts darauf hin, dass er einen Selbstmord plante. Anzeichen, dass er über Bord geworfen wurde, gab es allerdings auch nicht – wobei dies bei Nacht durchaus unbeobachtet möglich gewesen wäre. In seinem Kalender war ein Kreuz hinter dem Tag seines Todes angebracht. Ob er selbst oder ein anderer seinen Kalender so markierte, ist nicht bekannt.

Am 3. September 2008 gab eine wachhabende Offiziersanwärterin des Segelschulschiffes GORCH FOCK um 23.00 Uhr noch ihre vorgeschriebene Meldung an die Brücke ab. Sie war als Ausguck auf dem Vorschiff eingeteilt und musste das Seegebiet nach Schiffen beobachten. Die nächste Meldung, die sie um 23.30 Uhr hätte tätigen müssen, blieb aus. Wenig später wurde offenbar, dass die Offiziersanwärterin über Bord gegangen war. Elf Tage später wurde ihre Leiche gefunden. Gerade in diesem Fall gibt es große Merkwürdigkeiten und die Angehörigen bezweifeln bis heute, dass es sich um einen Unglücksfall handelte.

Eine Videokamera zeichnete auf, wie eine Person in den frühen Morgenstunden des 9. Septembers 2018 vom Schiff AIDAluna sprang. Angeschaut wurde dieser Film allerdings erst am nächsten Morgen, als das Fehlen eines Passagiers bekannt wurde – es handelte sich um den Sänger Daniel Küblböck. Die Suche nach ihm wurde schon am selben Tag eingestellt, da er bei 10 Grad Wassertemperatur und weitab von einer Küste keine lange Überlebenszeit hatte. Seine Leiche wurde nie gefunden.

Sobald die Information „Mann über Bord" auf der Brücke ankommt (siehe dazu Kapitel 32), drückt der wachhabende Offizier die „MOB"-Taste. Damit wird die Position gespeichert und ein Pfeil auf einem Display zeigt immer dorthin. Ebenso wird angezeigt, in welcher Distanz zur aktuellen Position des Schiffes sich die Person im Wasser befindet. Sofort wird das Bereitschaftsboot zu Wasser gelassen. Auch das Schiff im Ganzen beteiligt sich an der Suchaktion und fährt zurück zur Position, an der die Person über Bord ging. Auf jedem Schiff mit einer Bruttoraumzahl über 500 muss ein sogenanntes Bereitschaftsboot

Unten das Bereitschaftsboot, das man zur Rettung anderer Personen einsetzen würde. Das geschlossene Rettungsboot oben dient zur Eigenrettung.

vorhanden sein, auf RoRo-Schiffen sogar je eines auf jeder Seite. Ein Bereitschaftsboot ist ein offenes Boot mit starkem Motor – offen deshalb, damit die Crew im Boot nach allen Seite arbeiten kann. Anders als die Rettungsboote ist das Bereitschaftsboot für die Fremdrettung vorgesehen. Die geschlossenen Rettungsboote dienen dagegen zur Eigenrettung oder können als Tenderboote eingesetzt werden. Das Bereitschaftsboot wiederum dient auch als Arbeitsboot. Häufig ist das Bereitschaftsboot auf demselben Deck wie die Brücke positioniert.

Über Funk sind die Brücke und die Seeleute in den Rettungsbooten in Kontakt und können zu der Stelle dirigiert werden, wo eine schwimmende Person beobachtet wird. Von oben vom Schiff hat die Besatzung eine weitere Sicht als die Crewmitglieder, die an der Wasseroberfläche vom Bereitschaftsboot aus suchen. Die Brücke hätte schon beim Alarm auch die nächste Seenotrettungszentrale alarmiert, die je nach Position des Schiffes Flugzeuge oder Hubschrauber schickt, um bei der Suche zu helfen. Auch andere Schiffe im betreffenden Seegebiet würden zur Unfallstelle beordert. Trotz alledem: Viele dieser Unglücksfälle enden tödlich. Bei sehr starkem Seegang kann zudem das Bereitschaftsboot nicht zu Wasser gelassen werden. Wird das Fehlen eines Passagiers erst nach längerer Zeit entdeckt, sind die Überlebenschancen erst recht sehr gering.

Das Bereitschaftsboot der URD, aufgenommen bei der Einfahrt in den Hafen von Ventspils in Lettland.

34 Letzte Rettung
Die Rettungsboote

Auf der TITANIC gab es zu wenig Rettungsboote. Die Zeiten sind natürlich lange vorbei. Heute ist es vorgeschrieben, dass sogar mehr Plätze in Rettungsbooten oder -inseln vorhanden sein müssen, als Passagiere an Bord sein können.

Rettungsinseln befinden sich auf dem Bootsdeck in weißen, tonnenförmigen Containern. Werden Rettungsinseln zu Wasser gelassen, aktivieren sie sich automatisch, d.h., sie blasen sich durch die integrierten Pressluftflaschen selbst auf und sind innerhalb einer Minute einsatzbereit. Entfaltet sehen sie aus wie ein Schlauchboot mit einem Zeltdach darüber.

Die Crewmitglieder üben den Einsatz von Rettungsinseln und -booten regelmäßig, und zwar nicht nur, wie man diese vom Schiff ins Wasser lässt. Im Maritime Training Center im dänischen Esbjerg kann man in einem großen „Hallenbad" Sturm bis Windstärke 10 simulieren, samt dem dazugehörigen Wellengang. Auch dann müssen die Crewmitglieder Rettungsinseln besteigen und anderen helfen, in die Rettungsinsel hineinzukommen. Licht- und Toneffekte können ebenfalls erzeugt werden und auch in Dunkelheit wird geübt.

Rettungsboote sind so gelagert, dass sie notfalls allein durch ihr eigenes Gewicht an den Seilen ihrer Aufhängung nach unten sinken, sobald eine entsprechende Sicherung gelöst wird. Man könnte die Rettungsboote also auch dann noch zu Wasser lassen, wenn der Strom ausgefallen wäre. Die Tonnen mit den Rettungsinseln kann man von Hand hinunter ins Wasser werfen. Bis sie bemannt sind, bleiben sie mit dem Schiff durch eine Leine verbunden. Die Rettungsinseln sind selbstaufrichtend, d.h., wenn sie sich selbst entfalten, drehen sie sich auch gleichzeitig nach oben. Diese Konstruktion ist seit dem Untergang der ESTONIA von der Internationalen Maritimen Organisation (IMO) für Rettungsmittel dieser Art vorgeschrieben.

Die heutigen Rettungsboote sind geschlossene Boote, die auch bei starkem Seegang einsatzfähig sind. So klein, wie sie von Weitem an der Seite eines großen Schiffes aussehen, sind die Rettungsboote tatsächlich nicht: Viele haben ein Fassungsvermögen von über 100 Personen und sind von ihren Abmessungen größer als die meisten Sportboote. Alle Rettungsboote auf großen Schiffen sind mit Motor ausgestattet. Wenn Kreuzfahrtschiffe ihre Passagiere für Ausflüge an einer Stelle an Land bringen, an der es keinen Hafen mit entsprechender Wassertiefe und Kailänge gibt, werden die Rettungsboote als Tenderboote für den Transport zwischen dem vor Anker liegenden Kreuzfahrtschiff und dem kleinen Hafen an Land genutzt. Da diese Nutzung auf Fähren keine Rolle spielt, gibt es auf den meisten Fähren mehr Rettungsinseln als Rettungsboote, weil die verpackten Rettungsinseln weniger Platz einnehmen als die festen Boote.

Freifallrettungsboote (siehe Seite 120) gibt es auf vielen Frachtschiffen, nicht aber auf Fähren.

Grundsätzlich gilt in der Seefahrt: Verlasse nie dein Schiff, bevor es dich verlässt! Bei einem Feuer an Bord wäre es deshalb denkbar, dass der Kapitän alle Passagiere an den „Muster Stations" versammeln und Schwimmwesten anlegen lässt. Wenn der Kapitän dann entsprechend der Lagemeldung der Feuerlöschcrew vor Ort annimmt, dass das Feuer an Bord mit eigenen Kräften gelöscht werden kann, würde er die Passagiere wohl noch nicht in die Rettungsboote steigen lassen, sondern erst abwarten. Beim Brand der LISCO GLORIA breitete sich das Feuer allerdings so schnell aus, dass der Kapitän bereits nach wenigen Minuten das Kommando „alle in die Boote" gab, was völlig richtig war.

Natürlich sind trotz allem Szenarien denkbar, in denen die Zahl der Rettungsmittel nicht ausreichen würde. Die COSTA CONCORDIA lief am 13. Januar 2012 aufgrund von menschlichem Versagen auf ein Unterwasserhindernis, schlug leck und blieb mit 65 Grad Schlagseite auf der Steuerbordseite liegen. In dieser extremen Schräglage waren weder die steuerbordseitigen noch die backbordseitigen Rettungsboote einsatzfähig. Die Zahl von „nur" 32 Todesopfern ist dadurch zu erklären, dass sich das Unglück in unmittelbarer Nähe zur

Küste ereignet hatte und die COSTA CONCORDIA nicht gänzlich versank. So konnten Schiffe aller Art sehr schnell Hilfe leisten. Einige der Passagiere schwammen aus eigener Entscheidung bis zum Ufer.

Viele Frachtschiffe haben als Rettungsboot ein oder mehrere Freifallboote. Dies sind geschlossene Rettungsboote, die auf Schienen schräg nach unten gerichtet am Heck des Schiffes gelagert sind. Im Notfall begibt sich die Besatzung in das Freifallboot, schnallt sich auf den Sitzen an und das Freifallboot stürzt mit dem Bug voran ins Wasser. Aufgrund seines Schwerpunktes und seiner wasserdichten Hülle richtet sich ein Freifallrettungsboot immer von selbst auf, egal in welcher Lage es ins Wasser eintaucht.

In den weißen Tonnen befinden sich die Rettungsinseln. Diese entfalten sich mittels einer integrierten Pressluftflasche selbst, sobald man die Tonne ins Wasser wirft. Die Rettungsinsel bleibt über eine Leine mit dem Schiff verbunden, bis die Geretteten in der Rettungsinsel diese Leine kappen.

35 Feuerwehrmänner ohne Löschfahrzeuge
Die Feuerwehr an Bord

Am 9. Juli 2019 brach im Maschinenraum der PETER PAN ein Feuer aus. Die Fähre war gerade auf dem Weg zum Hafen Travemünde, als die Alarmsysteme angingen. Die bordeigene Feuerwehr brachte das Feuer rasch unter Kontrolle. Zwar drang Rauch nach oben bis auf die Fahrzeugdecks, aber verletzt wurde niemand.

Wie es auf traurige Weise auch anders verlaufen kann, zeigt der Brand in der SCANDINAVIAN STAR am 7. April 1990: Damals starben 159 Menschen in dem brennenden Schiff – auch deshalb, weil bei der Alarmierung der Passagiere, bei der Brandbekämpfung und der Evakuierung der Fähre erhebliche Fehler gemacht wurden.

Nicht nur für die Besatzung: Im Brandfall darf und soll jeder die gekennzeichneten Schränke öffnen und die Feuerlöschausrüstung einsetzen.

Bei einem Feuer in einem Schiff liegen andere Voraussetzungen vor als in einem brennenden Haus: „Das Gebäude sofort verlassen!" geht auf einem Schiff eben nicht so einfach. Das andere Problem: Hilfe durch Rettungskräfte von außen steht meistens nicht zur Verfügung. Selbst wenn man Feuerwehrleute per Hubschrauber einfliegen würde: Anders als Rettungsdienstmitarbeiter, die mit der Ausrüstung in ihrem Sanitätsrucksack schon sehr viel helfen können, sind Feuerwehrmänner ohne Gerät nicht einsatzfähig. Das heißt, die Schiffsbesatzung muss sich auch bei einem Feuer selbst helfen können. Crewmitglieder müssen zu Feuerwehrmännern ausgebildet werden, Feuerlöschausrüstung muss an Bord gelagert sein und im Schiff müssen Hydranten vorhanden sein, sodass die Schläuche im Brandfall an vielen Stellen angekoppelt werden können. Die Feuerlöschausrüstung, die Schutzkleidung und die Atemschutzgeräte der bordeigenen Feuerwehr müssen in mindestens zwei weit voneinander entfernt liegenden Räumen gelagert sein. Denn je nachdem, wo

Zur Ausrüstung der bordeigenen Feuerwehr gehören auch Atemschutzgeräte.

das Feuer ausbricht, wäre es möglich, dass ein Lagerraum nicht mehr erreichbar ist.

Ein weiteres Problem sind die vielen langen, geschlossenen Flure im Kabinenbereich einer Fähre. Diese wären sehr schnell voller Rauch und die Passagiere in den Kabinen könnten diese nicht mehr verlassen. Bei einem brennenden Haus würde die Feuerwehr dann „anleitern“, d.h., nicht mehr durch das verrauchte Treppenhaus gehen, sondern die Menschen mit Leiterfahrzeugen oder mit tragbaren Leitern durch das Fenster retten. Auch das ist auf einem Schiff logischerweise nicht möglich. Die bordeigene Feuerwehr muss daher in der Lage sein, Passagiere auch durch verrauchte Flure hindurch retten zu können. Deshalb besitzt die Feuerwehr Fluchthauben, die die Feuerwehrleute über den Kopf einer zu rettenden Person ziehen, sodass diese mit Atemluft aus der Pressluftflasche versorgt werden kann.

Die Vorgehensweise bei einem Feuer an Bord ist von Schiff zu Schiff unterschiedlich, das Prinzip ist aber ähn-

An vielen Stellen an Bord gibt es solche Hydranten, aus denen die bordeigene Feuerwehr Schläuche entnehmen würde. Deshalb kann das erste Feuerlöschteam ohne Ausrüstung zum Brandherd rennen, weil die Schläuche vor Ort vorhanden sind.

lich. Eine übliche Vorgehensweise läuft folgendermaßen ab: Geht auf der Brücke ein Alarm ein – z.B., weil auf einem der Videobildschirme Rauch zu sehen ist, weil einer oder mehrere Rauchmelder anschlagen, weil durch Hitze die Sprinkleranlage aktiviert wurde oder weil das Feuer von Besatzungsmitgliedern oder Passagieren gemeldet wurde –, alarmiert die Brücke über den schiffsinternen Funk (alle, die zur seemännischen Crew gehören, tragen Handsprechfunkgeräte bei sich) die bordeigene Feuerwehr und teilt ihnen den Ort mit, an dem der Alarm ausgelöst wurde. Um so schnell wie möglich am Brandherd zu sein, rennen Männer der Feuerlöschcrew sofort dorthin, ohne zuvor ihre Ausrüstung aus einem der Lagerräume für das Feuerlöschgerät zu holen. Am Brandherd angekommen, geben sie eine Lagemeldung an die Brücke und helfen mit, dass alle Passagiere diesen Bereich sofort verlassen. Sofern das ohne Atemschutzgeräte noch möglich ist, wird bereits das erste Team versuchen, mit Handfeuerlöschern oder den Schläuchen aus den Wandhydranten das Feuer zu bekämpfen.

Das zweite Team hat sich inzwischen in einem der Räume, wo die Feuerlöschausrüstung gelagert wird, ausgerüstet und rennt mit aufgesetzten Atemschutzgeräten zum Brandherd. Je nach Ort des Brandes wird das zweite Team mehrere Minuten nach dem ersten Team ankom-

Nur eine Übung. Im Brandfall wäre ein solcher Flur sofort verraucht.

men. Auch sie werden sich nahe des Brandherdes mit den Schläuchen an den Wandhydranten ausrüsten bzw. mitgebrachte Schläuche dort ankoppeln. Dann lösen sie diejenigen, die ohne Schutzkleidung im Einsatz sind, ab und könnten mit ihren Atemschutzgeräten auch bis zum Brandherd vordringen. Die Brücke informiert inzwischen alle Crewmitglieder, auch das Hotelpersonal, über den Notfall an Bord. Außerdem ordnet die Brücke an, welche Bereiche des Schiffes evakuiert werden. Jedes Schiff ist in sogenannte Brandabschnitte unterteilt, die separat geräumt und dann geschlossen werden. Da Schiffe aus Metall bestehen, wird man auch den Bereich, der sich über dem Brandherd befindet, evakuieren, da man dort schon bald den Fußboden wegen der Hitze nicht mehr betreten könnte. Aufgabe der Mitarbeiter des Hotelbereichs wäre es dann, alle Kabinen in den betroffenen Abschnitten zu öffnen und zu kontrollieren, ob alle die Kabine verlassen haben. Je nach Ausmaß gibt die Brücke „Generalalarm" (sieben kurze und ein langer Ton). Dies ist der Hinweis an alle Passagiere, sich sofort an den „Muster Stations" einzufinden und gegebenenfalls in die Rettungsboote zu steigen.

Ein Feuer an Bord würde aber nicht nur durch Manpower bekämpft werden. In fast allen Räumen im Schiff, auch in den Kabinen, sind Sprinkleranlagen montiert. Diese aktivieren sich selbst, wenn die Temperatur zu heiß wird. An jeder Löschdüse der Sprinkleranlage ist eine

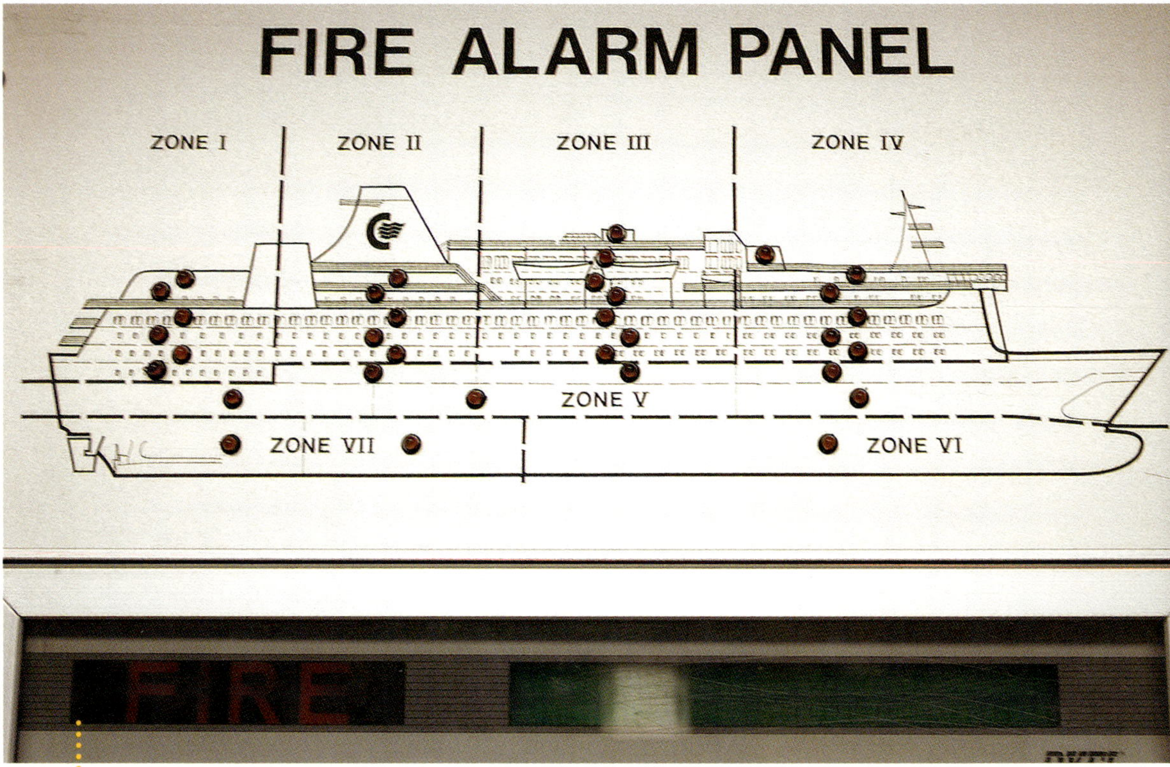

Im Brandfall entscheidet der Kapitän, welche Zonen evakuiert werden.

Glasampulle mit Flüssigkeit montiert. Je nach Art der Ampulle zerspringt das Glas bei 65, 75 oder 85 Grad Celsius und das Wasser in der Leitung strömt sofort, ohne dass ein Crewmitglied irgendetwas aktivieren muss, in den Raum. Die Leitungen der Sprinkleranlage stehen permanent unter einem Druck von 11 bar. Dieser hohe Druck führt dazu, dass das Wasser an einem kleinen Kranz hinter der Düse fein zerstäubt wird und den jeweiligen Raum mit Wassernebel füllt. Solch fein zerstäubtes Wasser kann viel mehr Hitze aufnehmen bzw. den Raum kühlen und dadurch das Feuer löschen, als wenn es in einem kräftigen Wasserstrahl verspritzt würde. Wenn ein Passagier diesen kleinen Kranz an der Decke für einen Kleiderhaken hält, einen schweren Mantel daran hängt und den Kranz dadurch abreißt, wird der Passagier gründlich nass und muss anschließend den Wasserschaden in der Kabine bezahlen.

Der Maschinenraum, in manchen Schiffen auch die Küche und in den meisten Frachtschiffen die Laderäume können außerdem mit Kohlendioxid geflutet werden. Auch dadurch wird das Feuer gelöscht, weil der Sauerstoff verdrängt wird. Dies darf aber erst geschehen, wenn sich kein Crewmitglied mehr in diesen Räumen aufhält. Je nach Art des Unfalles würden daher Atemschutzgeräteträger erst eventuell verunfallte Crewmitglieder aus dem Maschinenraum tragen, dann die Tür hinter sich schließen und den Raum mit Kohlendioxid fluten. Die Türen in diesen Sektionen sind so konzipiert, dass sie sich,

Eine Wasserkanone, um etwaige brennende Fahrzeuge auf dem offenen Fahrzeugdeck zu löschen.

nachdem der Bereich dahinter mit Kohlendioxid geflutet wurde, nur noch von innen nach außen öffnen lassen.

Auf einen Notfall an Bord sind Schiffe noch auf weitere Arten vorbereitet. Der Strom wird im Maschinenraum erzeugt. Sollten die Maschinen stillstehen, springen Notstromaggregate an, die in einem Raum in einem der oberen Decks installiert sind. Sollte das Schiff untergehen, würden diese noch bis zum endgültigen Sinken Strom erzeugen. Zudem hat das Schiff Batterien, damit wenigsten die Funkanlage, ein Radargerät, die Notbeleuchtung und die Positionslichter noch mindestens drei Stunden nach Ausfall aller Maschinen in Betrieb bleiben.

Für Seeleute gibt es spezielle Trainingszentren an Land, in denen sie schon während ihrer Ausbildung entsprechende Lehrgänge absolvieren. Später müssen diese Lehrgänge nach einem vorgeschriebenen Turnus wiederholt werden.

Ein Problem, was die Erfahrung der Feuerlöschcrew an Bord betrifft, ist nicht zu ändern: Feuerwehrleute müssen nicht nur in Simulationsanlagen ausgebildet werden, sondern sie brauchen Erfahrung in realen Einsätzen, bis sie wirklich geübt sind. Egal ob Berufsfeuerwehr oder Freiwillige Feuerwehr, die Erfahrung im Ernstfall ist unverzichtbar, um ein guter Feuerwehrmann zu sein. Die Ausbildungskurse für Seeleute sind gut und der Ablauf im Notfall wird regelmäßig geübt. Reale Praxis in der Brandbekämpfung aber haben die Besatzungen zum Glück wenig.

36 Unterschiedliche Interessen
Kraftfahrer und Touristen

Auf RoPax-Schiffen sind fast immer sowohl Touristen als auch Fernfahrer an Bord. Welche Gruppe in der Mehrheit ist, ist je nach Fährlinie höchst unterschiedlich. Die Überfahrten von Kiel nach Oslo und von Travemünde nach Helsinki sind recht lang. Fracht wird vorwiegend in unbegleiteten Trailern transportiert und es sind viel mehr Touristen als Lastwagenfahrer an Bord. Die Baltikumfähren sind dagegen vorwiegend auf Lastwagen und ihre Fahrer ausgerichtet, aber auch auf diesen Schiffen fahren Touristen mit.

In Trelleborg. Auf der Ostsee wird ein großer Teil des Güterverkehrs mittels Lastwagen oder unbegleiteter Trailer abgewickelt. Vor allem auf längeren Seewegen kommen Containerschiffe zum Einsatz.

Robin Hood
DHL
Express & Logistics.
www.dhl.com

In Travemünde. Augenmaß an der Rampe kann auch für die Fahrer von Wohnwagengespannen wichtig werden.

Für Passagiere sind solche Fähren insofern von Vorteil, weil der Preis für die Überfahrt damit deutlich unter dem liegt, was bei luxuriösen Fähren normal ist. Der Standard auf dem Schiff ist natürlich auch nicht so hoch. Fast alle Fernfahrer sind allein in ihrem Lkw unterwegs. Das kommt daher, weil die Zeit als Beifahrer im fahrenden Lkw nach EU-Recht nicht als Ruhezeit anerkannt wird. Insofern suchen die Fahrer während Schiffspassagen den Kontakt mit ihresgleichen, ansonsten müssten sie häufig einen sehr einsamen Lebensstil pflegen.

Diese beiden Gruppen, Touristen einerseits und Fahrer andererseits, haben unterschiedliche Erwartungen an die Seereise – und unterschiedliche Gepflogenheiten. Dies beginnt bereits beim Kleidungsstil. Anders als auf Kreuzfahrtschiffen treten die Passagiere in Fähren mitunter recht leger auf – aber nicht mit freiem Oberkörper, wie es bei manchen Fahrern üblich ist. Die meisten Fährgesellschaften versuchen deshalb, die beiden unterschiedlichen Gruppen voneinander zu trennen. Deshalb gibt es im Schiff einen Raum, der „Driver's Lounge"

Neuwagen dagegen werden in speziellen Frachtschiffen, Pure Car Carrier (PCC) genannt, transportiert.

oder „Driver's Club" genannt wird und der nur für Fernfahrer zugänglich ist. Fernfahrer werden dadurch motiviert, sich vorwiegend in der „Driver's Lounge" aufzuhalten, weil es hier kostenlosen Kaffee, kostenloses Mineralwasser, kostenloses Wlan und frei zugängliche Kühlschränke gibt – was natürlich bedeutet, dass das Mitbringen eigener Getränke toleriert wird.

Die „Driver's Lounge" auf den Finnlines-Schiffen ist darüber hinaus sehr angenehm konzipiert, da hier auch Waschmaschinen und eine eigene Sauna vorhanden sind. Während der 29-stündigen Überfahrt von Helsinki nach Travemünde können die Fahrer ihre Kleider waschen und trocknen – ein Luxus, den sie sonst wohl nirgends haben.

In der Regel bekommen Fernfahrer nur Innenkabinen, die sie meistens auch noch mit einem anderen Fahrer teilen müssen. Ob sie ihr Essen an Bord selbst bezahlen müssen oder ob das das Transportunternehmen oder die Fährgesellschaft übernimmt, ist unterschiedlich. Die finanzielle Situation vieler Fernfahrer, insbesondere derer aus den östlichen

Ländern, ist höchst bescheiden. Dieses Lohndumping ist nicht nur für die Betroffenen sehr bedauerlich, auch für viele deutsche Speditionen ist die Billigkonkurrenz aus Osteuropa ein gravierendes Problem. Die Osteuropäer bieten ihre Transporte günstiger an, als dies für deutsche Speditionen möglich ist. Abgesehen von den niedrigeren Löhnen und Lohnnebenkosten kommen russische Lastwagen natürlich mit randvollem Tank nach Westeuropa – und in Russland kostet ein Liter Diesel nur etwa 60 Cent. Lastwagentanks haben 1.200 oder sogar 1.500 Liter Fassungsvermögen.

Fernfahrer müssen Ruhezeiten einhalten, die in den EU-Ländern einheitlich geregelt sind. Die vorgeschriebene tägliche Ruhezeit beträgt elf Stunden und kann evtl. auf neun Stunden reduziert werden. Die Fahrzeiten innerhalb einer Woche dürfen 56 Stunden nicht überschreiten. In zwei aufeinanderfolgenden Wochen dürfen es nur 90 Stunden Fahrt sein. Der Aufenthalt auf einem Schiff gilt als Ruhezeit, die Fahrzeiten auf einer Brücke logischerweise nicht, auch das spricht für Speditionen für eine Fährüberfahrt nach Schweden, anstatt die Brückenstrecke über Dänemark zu nehmen. Bei einer kürzeren Schiffspassage darf die Ruhezeit gesplittet werden, d.h., die vorgeschriebenen elf Stunden Ruhezeit dürfen zum Teil auf dem Schiff und zum Teil im stehenden Lastwagen an Land verbracht werden. Die Ruhezeit kann nachts oder auch tagsüber liegen. So kommen die Finnlines-Schiffe von Helsinki nach 29 Stunden auf See um 21.30 Uhr in Travemünde an. Dann, in der Nacht, beginnt für die Fahrer ihr neuer Arbeitstag und die Fahrtzeit beträgt – mit einer Fahrtunterbrechung

nach viereinhalb Stunden – neun Stunden. Das bedeutet natürlich, dass die Fernfahrer tagsüber im Schiff schlafen müssen und über lärmende Touristen in den Fluren wenig erfreut sind. Die Ausrichtung auf Lastwagenfahrer zeigt sich auf einigen Fähren auch an den

Das Achterdeck der URD. Für Lastwagenfahrer eine wohlverdiente Alternative zu Autobahnrastplätzen.

Zeiten, zu denen Essen angeboten wird – und diese Zeiten haben mitunter nichts mit den üblichen Essenszeiten und mit dem üblichen Tag-Nacht-Rhythmus zu tun. Legt eine Fähre nach sechs Stunden Fahrt morgens um zwei Uhr an, kann man ab nachts um ein Uhr an der Essenstheke Frühstück abholen. Wohnmobilfahrer verstehen das nicht, denn sie suchen sich gleich nach der Hafenausfahrt einen Stellplatz, wo sie den Rest der Nacht schlafen können. Für die Fernfahrer aber beginnt in diesem Fall nachts um zwei Uhr ihr neuer Arbeitstag.

37 Trotz aller Technik ein Sicherheitsrisiko

Die Heck- und Bugklappen

RoRo-Schiff werden über Bug- oder Heckklappen beladen. Diese Klappen müssen nach dem Untergang der HERALD OF FREE ENTERPRISE, der JAN HEWELIUSZ und der ESTONIA eindeutig als Schwachstelle der Schiffstechnik angesehen werden. Angesichts der Zahl der Fähren und der täglichen Abfahrten sind diese Unglücksfälle, deren Ursache auf sehr unterschiedliche Weise an der Bugklappe lag, verschwindend gering. Trotzdem ist dieses Bauteil seitdem noch mehr im Blick, wenn es um Sicherheit auf See geht.

Die DEUTSCHLAND im Hafen Puttgarden. Fähren sind ohne Bug- und/oder Heckklappen nicht denkbar, aber genau diese Bauteile können auch Schwachstellen sein.

Die HERALD OF FREE ENTERPRISE verließ am 6. März 1987 den Hafen von Zeebrügge – mit offener Bugklappe. Die Ursache dafür war menschliches Versagen – man hatte schlichtweg vergessen, die Bugklappe zu schließen. Als das Schiff nach der Hafenausfahrt Fahrt aufnahm, strömte ungehindert Seewasser in die Autodecks und das Schiff kenterte innerhalb von zwei Minuten. 193 Passagiere starben, 400 überlebten deshalb, weil das Schiff nicht komplett versank, sondern auf der Backbordseite auf einer Sandbank liegen blieb.

Bei der ESTONIA riss am 28. September 1994 in einem Sturm auf hoher See die Bugklappe ab. Der Grund dafür konnte nie zweifelsfrei festgestellt werden. Möglicherweise war die Ursache ein Defekt an der Verriegelung der Bugklappe, der

Autos können auf zwei Ebenen gleichzeitig von Bord rollen (siehe auch Seite 12).

Fähre zwischen dem estnischen Festland und der Insel Muhu. Auch auf solchen kurzen Seepassagen können erhebliche Kräfte auf die Bugklappe einwirken.

entweder von Anfang an aufgrund einer schwachen Konstruktion vorhanden war oder im Laufe der Zeit durch mangelnde Wartung entstand. Tatsächlich war das Schiff nicht für den Einsatz auf hoher See konzipiert. Dazu kommt, dass die ESTONIA trotz des schweren Sturmes mit 21 Knoten extrem schnell unterwegs war. Es gibt Hinweise, die so interpretiert werden können, dass die Bugklappe während der Fahrt geöffnet wurde, um vor einer Kontrolle im Zielhafen illegale Ladung zu entsorgen. Für die Bedienung der Schalter zur Öffnung der Bugklappe ist aber ein Schlüssel nötig, d.h., dies kann nur durch ein Crewmitglied geschehen. Jeder Seemann wüsste allerdings, dass das Öffnen der Bugklappe während eines Sturmes auf hoher See für den, der am Bedienpult hinter der Bugklappe steht, sein eigener Selbstmord wäre. Eigentlich undenkbar, aber technisch möglich wäre es wohl, dass zuvor angebrachte Sprengladungen die Bugklappe aus der Verankerung gerissen haben. Möglich wäre auch, dass die Bugklappe nicht vollständig verriegelt war.

Die Bugklappe ist oben oder seitlich mit Scharnieren am Schiffsrumpf befestigt. Bewegliche Bolzen unten und an den Seiten fixieren die Bugklappe in den Verankerungen, wenn sie geschlossen ist. Diese Bolzen und Verankerungen werden Atlantikschloss genannt. Hinter der geschlossenen Bugklappe folgen eine oder zwei zusätzliche Sicherungen: Die hochklappbare Fahrzeugrampe ist so bemessen, dass sie ebenfalls die gesamte vordere Öffnung verschließt. Dahinter kommt ein weiteres Schott, eine bewegliche Trennwand, die nach Schließen der Bugklappe heruntergelassen wird. Diese dritte Schottwand ist nach den SOLAS-Richtlinien (Safety of Life at Sea) vorgeschrieben, nicht aber, wenn das Schiff nicht weiter als 20 Seemeilen von der Küste entfernt fährt.

38 Nur wenige überlebten
Der Untergang der JAN HEWELIUSZ

Ein gewaltiger Sturm peitschte die See am 14. Januar 1993 auf, als die JAN HEWELIUSZ kenterte. Von den 63 Menschen an Bord überlebten nur neun – allesamt Crewmitglieder. Die meisten Passagiere wurden offenbar im Schlaf vom Schiffsuntergang überrascht und konnten sich nicht mehr aus ihren Kabinen retten.

Der Unglücksort lag 20 Kilometer östlich von Rügen. Die Eisenbahnfähre war auf dem Weg vom polnischen Świnoujście ins schwedische Ystad. Die Windgeschwindigkeiten lagen teilweise bei 150 Stundenkilometern. Gegen 3.28 Uhr meldete das Schiff Probleme mit der Ladung. Offenbar hatten sich Eisenbahnwagen von den Schienen im Autodeck der Fähre gelöst, waren zur Seite gekippt und hatten so die Schräglage ausgelöst. Der Kapitän versuchte noch, Ballastwasser in Tanks auf der anderen Seite zu pumpen. Um 4.45 Uhr setzte das Schiff aufgrund extremer Schlagseite einen Notruf ab. Hubschrauber starteten und Seenotrettungskreuzer liefen aus. Sie fanden das Schiff kieloben treibend und nur wenige Überlebende in einigen Rettungsinseln. Um 11 Uhr am nächsten Vormittag sank das Wrack. Wahrscheinlich waren die darin Eingeschlossenen zu diesem Zeitpunkt bereits tot.

Ursache für das Kentern sei letztendlich die undichte Heckklappe gewesen. Wenige Tage vor ihrem Untergang war diese bei einem Anlegemanöver in Ystad beschädigt worden. Es hatte wohl auch noch weitere Sicherheitsmängel gegeben, sodass die Fähre gar nicht hätte auslaufen dürfen. Das Schiff hatte in den Jahren davor mehrere Unglücksfälle erlebt: Es war schon einmal gekentert, konnte aber wieder instand gesetzt werden. Wie gut diese Reparaturen ausgeführt wurden, weiß wohl niemand. Mal brannte das Schiff auf hoher See, aber konnte wieder gelöscht werden, mal zerquetschte die Fähre ein schwedisches Zollboot. Insgesamt 28 Unfälle sind seit 1977 aktenkundig. Viele Seeleute nannten sie bereits „Jan Havarius". Der letzte Kapitän konnte nicht mehr zur Rechenschaft gezogen werden, auch er war bei dem Unglück ums Leben gekommen. Ob oder wann die Passagiere alarmiert wurden, ist nicht bekannt, zumal die überlebenden Besatzungsmitglieder kein Interesse daran haben konnten, sich selbst zu belasten.

Die JAN HEWELIUSZ liegt auch heute noch an der Unglücksstelle samt der wahrscheinlich 37 Leichen. So viele der insgesamt 55 Toten wurden nie gefunden. Das Wrack ruht in nur 25 Metern Tiefe auf der Backbordseite. Das bedeutet, dass die obersten Teile des Wracks nur 10 Meter unter der Wasseroberfläche liegen. Das lockt Taucher an und es gibt organisierte Tauchtouren, bei denen ein Schiff die Taucher dorthin fährt, inklusive Essen und Übernachtung auf dem Schiff. Wracktauchen ist bei Sporttauchern sehr beliebt, aber üblicherweise sind die Ziele dafür untergegangene

Die JAN HEWELIUSZ ruht seit 1993 auf dem Meeresgrund.

Boote oder Flugzeuge aus dem Zweiten Weltkrieg, ohne Leichen darin. Auf dem Meeresgrund in ein so großes Wrack wie das der JAN HEWELIUSZ hineinzutauchen, ist ein lebensgefährliches Unterfangen. Ein Taucher hatte sich anscheinend im Wrack verirrt und – da er keine Leine hinter sich hergezogen hatte – nicht mehr heraus gefunden. erst Erst zwei Wochen später wurde seine Leiche von anderen Tauchern im Inneren des Wracks gefunden.

39 Taucht die Wahrheit noch auf?
Der Untergang der ESTONIA

Beim Untergang der ESTONIA am 28. September 1994 starben über 850 Menschen. Nur 137 Menschen überlebten die Katastrophe, wobei es – was die Zahl der Geretteten betrifft – erhebliche Ungereimtheiten gibt. Das Sinken der ESTONIA gehört zu den größten Schiffskatastrophen in Friedenszeiten, vergleichbar mit dem Untergang der TITANIC im Jahr 1912, als 1.495 Menschen ertranken.

Der Untergang der ESTONIA ist deshalb sehr mysteriös, weil nie mit letzter Sicherheit festgestellt wurde, warum das Schiff unterging. Offiziell wird behauptet, dass die Bugklappe der Fähre aufgrund eines schweren Sturms abgerissen sei. Tatsächlich wurde von Tauchern festgestellt, dass die Bugklappe weitab vom Wrack auf dem Meeresgrund liegt, d.h., dass die Bugklappe mit großer Wahrscheinlichkeit abriss, während das Schiff in Fahrt war. Nur: Wie wahrscheinlich ist es, dass die Meyer-Werft in Papenburg, bei der die ESTONIA nur 14 Jahre zuvor vom Stapel lief, ein Schiff an einer so neuralgischen Stelle derart schwach baut, dass ein Sturm genügt, um die Bugklappe abzureißen? Richtig ist, dass die ESTONIA in der Nacht ihres Unterganges mit hoher Geschwindigkeit durch einen Sturm mit der Stärke 9 Beaufort unterwegs war und nicht für den Einsatz auf hoher See bei einem solchen Wetter konstruiert war. Ein Sturm dieser Stärke ist heftig, aber keineswegs einzigartig. Schon viele Schiffe und auch Fährschiffe waren in solch heftigen Wetterlagen unterwegs und erreichten unbeschadet ihr Ziel. Die Meyer-Werft ließ später am Institut für Schiffsbau der Hamburger Universität einen Versuch durchführen, bei welcher Krafteinwirkung ein baugleiches Atlantikschloss (siehe Kapitel 37) bricht. Der Bolzen brach erst bei 210 Tonnen Zugkraft – weit mehr, als durch die Naturgewalten auf die Bugklappe einwirken konnten. Denkbar wäre allerdings, dass die Bugklappe nicht vollständig geschlossen bzw. die Festhaltesysteme nicht vollständig aktiviert worden waren.

Es gibt noch weitere Ungereimtheiten, die bis heute nicht aufgeklärt sind. So stand Kapitän Avo Piht – der auf dieser Fahrt nicht Schiffsführer war – erst auf der Liste der 43 geretteten Crewmitglieder, die zur finnischen Insel Utö gebracht wurden. Er sei auch auf Fernsehbildern als einer der Geretteten erkannt worden, doch dann verschwand er, ebenso wie weitere sieben Überlebende, die nach ihrer Rettung nicht mehr aufzufinden waren. Sind dies Verschwörungstheorien oder wussten diese Überlebenden etwas, was niemand erfahren durfte und wurden deshalb beseitigt? Die Filme der Live-Fernsehübertragungen der Rettungsaktion, auf denen Avo Piht zu sehen gewesen sein soll, sind – welch Zufall – verschollen.

Der Meeresgrund, auf dem die ESTONIA ruht, liegt 80 Meter unter der Wasseroberfläche, wobei die oberen Aufbauten

Das Bedientableau für die Bug- oder Heckklappe befindet sich neben diesem Tor. Derjenige, der diesen Mechanismus bedient, muss die sich bewegende Klappe direkt im Blick haben.

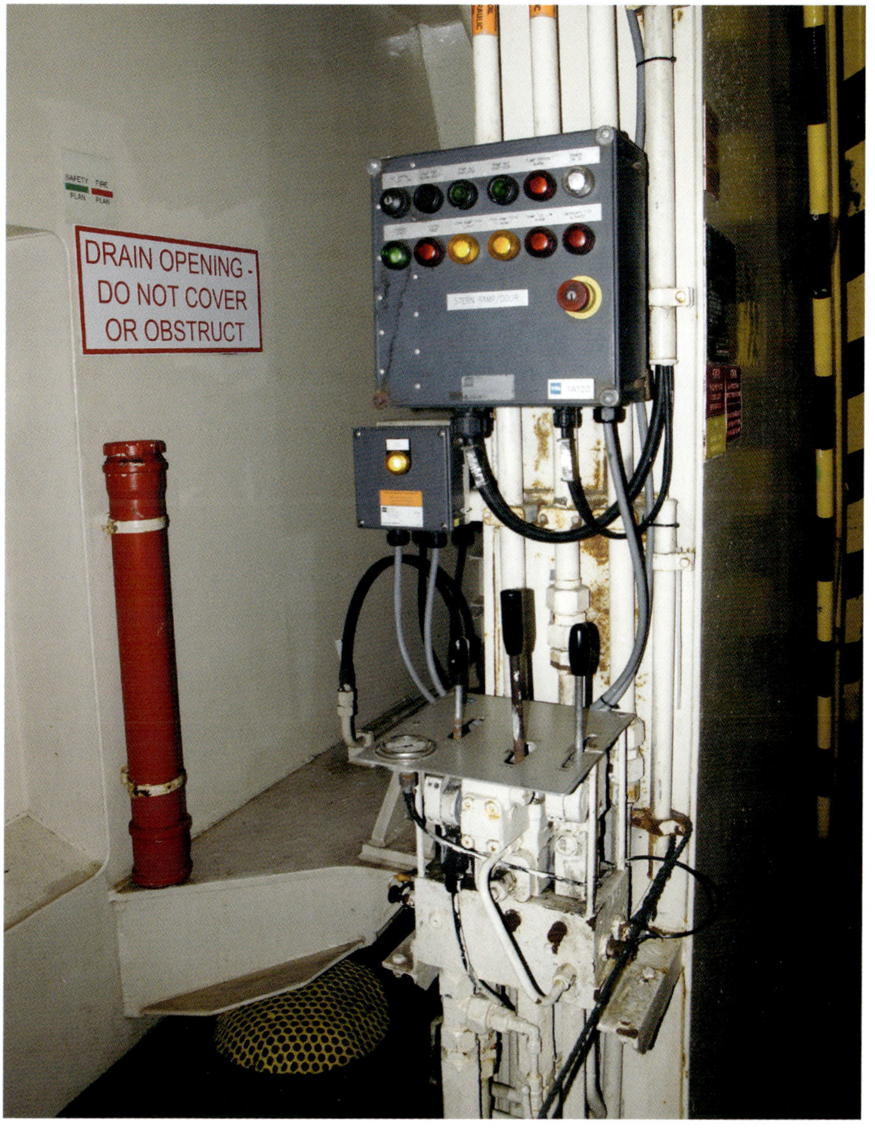

des Wracks entsprechend höher liegen. Für Berufstaucher ist eine solche Tiefe kein Problem. Sinkt im Bodensee eine Motorjacht in eine solche Tiefe, wird das Wrack geborgen, um eine Verunreinigung des Bodenseewassers durch auslaufende Betriebsstoffe zu verhindern. Es gab Tauchgänge zum Wrack der ESTONIA, die allerdings gegen den Willen von staatlichen Stellen durchgeführt wurden. Unterwasserfotos zeigen angeblich nicht explodierte Bomben im Bereich der Bugklappe. Der ursprüngliche Plan, die ESTONIA auf dem Meeresgrund unter einer massiven Schicht aus Sand und Beton zu begraben, wurde aufgrund der Proteste von Angehörigen der Verstorbenen doch nicht ausgeführt. Gab es von Anfang an Menschen in hochrangigen Kreisen, die an einer Aufklärung überhaupt kein Interesse hatten? Bei vielen mysteriösen Ereignissen tauchten erst viele Jahrzehnte später Beweise auf, mit denen der wahre Vorgang geklärt werden konnte.

40 Alle in die Boote!
Der Brand der LISCO GLORIA

Der Brand auf der LISCO GLORIA am 8. Oktober 2010 vor der Küste von Langeland ist ein Beispiel dafür, wie Kapitän und Mannschaft eine Rettungsaktion erfolgreich durchführten. 204 Passagiere und 32 Besatzungsmitglieder waren an Bord und stiegen in die Rettungsboote. Es gab keine Toten. Ein Passagier wurde bei der Evakuierung allerdings übersehen.

Auf der LISCO GLORIA geriet etwa um Mitternacht einer der auf dem offenen Achterdeck stehenden Lastwagen in Brand. Vermutlich brach das Feuer am Kälteaggregat eines Kühltransporters aus. Der Lastwagen war an das bordeigene Stromnetz angeschlossen. Denkbar wäre auch, dass der Brand am Anschlusskabel entstand. Die Stromkabel zwischen Schiff und Fahrzeugen bzw. deren Steckverbindungen sind immer eine Gefahrenquelle. Der Brand breitete sich auf dem offenen Deck rasend schnell aus. Bereits elf Minuten, nachdem das Feuer gemeldet worden war, gab der Kapitän das Kommando: „Alle in die Rettungsboote". Auch die Mannschaft ging von Bord, d.h., die brennende Fähre wurde aufgegeben.

Das Bundespolizeiboot NEUSTRELITZ befand sich zur Zeit des Notrufes nur

Die LISCO GLORIA war ein Totalverlust, …

… aber zum Glück gab es keine Verletzten oder Toten.

sechs Seemeilen von der brennenden LISCO GLORIA entfernt. Zur Unglücksstelle zu navigieren, war nicht schwierig: Den Feuerschein sah man von Weitem. Auf der NEUSTRELITZ rüsteten sich die Crewmitglieder während der Anfahrt mit Atemschutzgeräten und Feuerlöschern aus. Doch zu einem lebensgefährlichen Einsatz an Bord des brennenden Schiffes kam es nicht: Alle Passagiere – bis auf einen – und die Besatzungsmitglieder befanden sich schon in den Rettungsbooten. Die Boote gingen an der NEUSTRELITZ längsseits und die Passagiere wurden an Bord genommen.

Manche der Geretteten weigerten sich, auf der NEUSTRELITZ unter Deck zu gehen – weil sie die brennende LISCO GLORIA filmen wollten. Bei anderen war die Aufnahme vom Rettungsboot in die NEUSTRELITZ etwas schwierig, weil sie betrunken waren.

Ein vierzehnjähriger Schüler war trotz des Alarmes in seiner Kabine geblieben. Warum er bei der Kontrolle der Kabinen bei der Evakuierung übersehen wurde, ist nicht bekannt. Weil er das Schiff über die Gänge nicht mehr verlassen konnte, machte er sich in Todesangst winkend am Fenster seiner Kabine bemerkbar. Gerettet wurde er von einer Hubschrauberbesatzung, die einen Mann abseilte. Der schlug das Kabinenfenster ein und zog den Jungen mit nach oben in den Hubschrauber.

Mit Feuerlöschkanonen versuchten mehrere der zu Hilfe gekommenen Schiffe, die LISCO GLORIA zu löschen – wobei von Anfang an klar war, dass das Schiff ein Totalverlust sein würde. Der Mannschaft war es noch gelungen, den Anker zu werfen, sodass das antriebslose Wrack keine anderen Schiffe oder Küstenbereiche gefährden konnte. Erst nach mehreren Tagen war die ausgebrannte LISCO GLORIA so weit abgekühlt, dass sie von Rettungsmannschaften betreten werden konnte.

Die – bis auf den „vergessenen" Vierzehnjährigen – erfolgreich verlaufene Rettungsaktion war vor allem dem Kapitän zu verdanken, der sehr früh entschieden hatte, dass alle in die Boote gehen. Hätte er diese Entscheidung hinausgezögert, wären die Flammen und der Rauch an Bord noch stärker gewesen und hätten es deutlich schwieriger gemacht, die Boote zu Wasser zu lassen. Von Vorteil war auch, dass die See ruhig war. Versagt hatte allerdings die Löschanlage des Schiffes: Die Mannschaft hatte versucht, das brennende Achterdeck mit den fest installierten Wasserwerfern zu löschen – aus denen kam aber kein Wasser.

Der Autor
Dietrich Hub

Portrait des Autors.

Dr. theol. Dietrich Hub ist Pfarrer, Kommunikationswirt (GEP) und Sozialwirt (FH). Er ist in der Paulinenpflege Winnenden bei Stuttgart tätig. Dabei handelt es sich um eine große evangelische Einrichtung für Menschen mit Hör- und Sprachbehinderungen. Dort ist er für die Öffentlichkeitsarbeit zuständig und erteilt Religionsunterricht. Nebenberuflich schreibt er Bücher und Reisereportagen (www.dietrich-hub.de).

Hub fährt leidenschaftlich gerne auf Fährschiffen, meist für Reportagereisen mit dem Wohnwagengespann oder dem Motorrad. Auch als Hobbykapitän auf kleinen Schiffen ist er auf dem Wasser unterwegs. Deshalb besitzt er mehrere Bootsführerscheine und alle Funkzeugnisse der Sportschifffahrt. Hub ist zudem Feuerwehrmann und Rettungssanitäter.

Die Vogelfluglinie zwischen Rödby und Puttgarden.

Bildnachweis

By Balcer - Own work, CC BY 2.5, https://commons.wikimedia.org/w/index.php?curid=10334961: S. 139;
Finnlines: Einband vorne, S. 40/41;
Pixabay: S. 8/9, S. 20/21, S. 22/23, S. 24/25, S. 28/29;
Scandlines: S. 30/31, S. 32/33, S. 52/53;
Shutterstock/Gertjan Hooijer: S. 145;

Alle weiteren Fotos wurden vom Autor aufgenommen.

Im Hafen Travemünde.

Vorsatz: Der Hafen Ventspils in Lettland.
Schmutztitel: So energiesparend wie ein Segelschiff werden auch Fähren mit optimiertem Antrieb wie die Hybrid-Schiffe von Scandlines wohl nie unterwegs sein.
Innentitel: Im Hafen Tallinn.
Nachsatz: Die ROBIN HOOD im Hafen Travemünde. Die RoPax-Fähre pendelt zwischen Travemünde und Trelleborg.

Impressum

Sutton Verlag GmbH
Arnstädter Straße 8
99096 Erfurt
www.suttonverlag.de

ISBN: 978-3-96303-164-9

Druck: Florjančič Tisk d.o.o. / Slowenien
Gestaltung und Herstellung: Sutton Verlag

Buchhinweise

Lars-Kristian Brandt
Der Rostocker Fährhafen
Mecklenburgs Tor nach Skandinavien
19,99 € | ISBN: 978-3-96303-031-4

Buchhinweise

Lars-Kristian Brandt
Der Kieler Fährhafen
Schiffe, Linien, Terminals
19,99 € | ISBN: 978-3-96303-160-1

Lars-Kristian Brandt
Bilder der Schifffahrt
Der Skandinavienkai in Travemünde
SUTTON

TT-Line